U0148847

中國詩歌選

二〇〇二年版

詩作一一九家

潘皓・主編

文史哲出版社印行

中國地學史

王庸 著

文史哲出版社印行

中國詩歌選 目錄

■ 大陸之卷

■海外之卷

創新與普世價值的迷思

——中國詩歌選二〇〇二年版序

潘 皓

這是我嘗試寫《現代詩》，近半個世紀以來，一直在質疑與思考的一個困惑的問題之焦點。

❶

詩歌，原本是一個民族為抒發情懷所使用的一種語言形式，在未有文字以前，就已經存在。其實，像這種以吟唱作為表達情意與溝通的媒介物，非僅是一項和諧的象徵，而且也是一則存在莊嚴的美。因而詩歌也就成為文化和藝術中的一顆閃亮的瑰寶。

就我國詩歌發展史而言，《民謠》才是它真正的源頭，其次經由《詩經》，繼《古體詩》，而《近體詩》，跨越宋詞元曲之後，邁向另一階段所謂自由創作的《白話詩》，或《現代詩》，它是以「五四」新文化運動為起點，以追求「大眾化」與「普世價值」為目的一個標示著新思維的里程碑。但無可諱言的，在此一階段發展的過程中，根據事實的呈現，似乎與原先以創新為期許的願景，看不出有任何成就的顯示，甚至有人把詩說成原本就不屬於大眾讀物的論調，這無疑陷入了自我設限與自我迷失的泥淖裡。

❷

也許，這只是我個人的觀點，但是，別忘了一個詩人在他的生命深處所賦予的渴望、憧憬與召喚，能視而不見嗎？更何況詩歌主流的意涵，是反映人類情感活動的一種最精湛的文采，有其不可磨滅的永恆存在的價值。一首好詩，會使人讀之心為之動，神為之馳，其功用不可謂之不大。析言之，所謂詩，在於一種「情感」或一項「經驗」，透過一個「意象」之具體的表達，使其構成富有文化氣息的「新生命」，離開了一人之手，而成為社會大眾的共有物，提高並澄清世人的氣節，讓一些受難者的靈魂和無告的心志，得到至高無上的激勵與奮發。所以說，一個國家，或一個社會，設若失去了詩，它就會像沒有陽光照耀著的大地一樣，時雖黎明，卻依然被籠罩在一片灰濛濛地晦黯裡。詩既是如斯的重要，但不知為什麼？一般人只是把它當作點綴品，真的是不可思議的呀！

尤其是，近年以來，在臺灣的詩壇上，有人以「去中國化」強調「本土」，割裂了族群關係與地球村民不分疆域的整體共識；也有人以搞怪而標奇立異，扭曲了詩之美的本身的純真性；更有人以情色遊戲與凸顯性慾為能事的暴露，否定了孔子「詩三百，一言以蔽之，曰：思無邪」之基調。於是他們所使用的詞彙、語言，構成的文體，幾使人有一種不知所云的感慨。這種趨勢，很少有人提出批判，實在是一種悲哀。

本來，詩連同一切文學和藝術，是無國界的，是留給世人交互欣賞的。當然，任何一種類形的詩歌或文學作品，首先必須是個人的，然後才是鄉土的，社會的，民族的，而同時也才是時代的，或國際的有生命的不朽之作。惟有如斯，每一個詩人，每一個文學家，每一個藝術工作者，都必須有其所從屬的個人之個人的觀點，所從屬的鄉土之鄉土的情份，所從屬的社會之社會的習俗，所從屬的民族之民族的性格，所從屬的時代之時代的背景。而這種個人的觀點，鄉土的情份，社會的習俗，民族的性格，以及時代的背景，又必須透過一個詩人，一個文學家，和一個藝術工作者，以「他的美感」，去達到「秩序的和諧」之具體的融會於其作品之中，才不致受限於抽象的，或概念的。如斯，也才能成為一系列有活力、有生命的不朽之作。同時也才能讓詩之功用，趨向於「大眾化」，以達到「普世價值」的最佳境界。

❸

大概，這就是我對於詩之美的一種感受吧！欲達到這種境界，我們必須了解「詩的本質」是什麼？關於此層，歷來學者們都曾廣泛而深入的討論過，也都曾提出許許多多見仁見智難求一致的論點。不過，我個人以為，詩的本質應屬於「自然」，而自然的本身，就是一種美的純真的表現。所以說，詩之美與真，與詩人所流露的善的啓示之結合而成為一體。換句話說，不管你怎樣去「看」或「觀」，詩必須是詩。惟有以如斯寫景，敘事，或狀物，方能讓讀者有身臨其境的感受。否則，儘管你用再多美麗的詞藻，去形容或包裝你所要寫的東西，充其量，只不過是一束沒有生命的人造花而已。美國當代文藝評論家韓德（Theoder W. Humt）曾經說過：「詩或文學，是思想經由想像與感情，以及趣味的文字所表現出來的。而它的形式，是非專門的，可為一般人所理解並感趣味的。」他的這段話，對詩的本質之詮釋，說得相當徹底，而中肯。任何一個真誠的詩人，都應該以自然的筆觸，針對他所擁有的自然世界之一切，經由他的經驗所賦予的情感，再由感情而產生的想像，揮灑出他那種內涵力創造性的爆發，不就是自然的呈現嗎？

❹

如今，我們面對著這科技的壟斷與文明的墮落，把人本思想踩在腳底下踐踏。於是，詩人也就受到這種冷漠而成為孤絕的一群，但是，我們並不以此自餒，而仍能以個體情感紀錄的形式，構成社會群體人文惟一的支柱。因此，當我們在批判或吸取中西文化之縱的傳承與橫的移植之後，將怎樣塑造一種新文化與新藝術之美的真實與了悟的風格，那才是我們所要追求的一個正確思維的方向，同時也才是我們所要實現的「大眾化」與「普世價值」的最後目標。

關於此一問題，有項珍貴史料，值得我們引以為參考者，那就是一九三0年的七月，泰戈爾（R.. Tagore）與愛因斯坦（Aibert Einstein）東西兩位大師在德國柏林第一次會晤的談話。當時彼等被形容為：泰戈爾是「擁有思想家頭腦的詩人」，愛因斯坦則是「擁有詩人頭腦的思想家。」泰、愛兩位大師，在這次會晤時討論的話題，就是美和真實與真理的本質。而愛因斯坦首先指出，他懷疑美和真是否獨立於人類之外？他說：「如果不再有人類，梵蒂岡貝爾維迪宮的阿波羅的雕像，就不再美了。」說得是如斯的肯定。

但泰戈爾則反對此一前提，從另一角度切入。他說：「真或真理要透過人方能理解。如果有些美感與真理對人類的心靈不具有感性或理性的關係時，就永遠毫無意義可言。」

第二個月，泰、愛二人又在柏林聚會，這次他們則談到東西方和印度古典音樂與文化藝術的不同。愛因斯坦說：「就我們對藝術的反應而言，不論是在歐洲或亞洲，總是有相同的不確定性的存在，就算你桌上的紅花，看在你的眼裡，或許都不盡相同。」泰戈爾未置可否，但他卻希望站在東西方觀感尋求妥協的立場上去找答案。他說：「在東西方和解的過程中，一些見仁見智的個別想法，總會慢慢地向放諸四海而皆準靠攏。」此就人類共同文化和藝術的觀點而言，這已經成為自然發展的趨勢了，還需要我們再加討論或詮釋嗎？

❺

因此，《中國詩歌選》，自一九九四年創立發行以來，就一直朝此一方向努力，其間雖因受制於人力及經費的不足，致一路走來相當坎坷。但是，我們從未忘記以追求「普及化」為終極目標的期許。在此一前提之下，我們不僅為愛好詩歌的讀者們，提供了一部具有現代精神的讀本，而且，也為未來的學者們，撰寫文學史，留下一些可觀的好詩與見證的風騷。

同時，為了拓展影響，在精選篇章方面，已從臺灣擴及到大陸、港澳，乃至於泰西與東瀛的各家年度創作精品。經再三斟酌、篩選，始克定稿。惟一感到歉意的是，因為篇幅所限，其中不無滄海遺珠之憾。

二〇〇二年七月十二日謹識于台北哲思工作室

二〇〇二年版

臺灣之卷

詩作六七家

版年 2002

鍾鼎文作品

楚人看秦人兵馬俑歌

楚亡於秦　悠悠的兩千年後　猶有遺民
靈均之靈　綿綿的薪火相傳　代有傳人
海上的乘桴客　默默地回到故國
世外的武陵人　悄悄地來到秦境
草茫茫　土蒼蒼　蒼蒼　茫茫……（註）
時隔古今　詩各今古　竟異代同聲
共香山　向驪山　茫然發問
何處是嬴政的墳塋

註：白居易號香山居士，過驪山作〈草

茫茫歌〉：「草茫茫，土蒼蒼，蒼蒼茫茫在何處，驪山腳下秦皇墓？」

七雄的合縱連橫　一場牌局　一局豪賭
文賭賭謀略　賭惡　武賭賭戰爭　賭狠
戰國—五百年賭博　最後的贏家是贏家
六王畢　四海一　一家獨贏　姓嬴名政（註）
始而是一聲號令　車同軌　書同文
繼而是號令一聲　焚群書　坑諸生
天下者　朕一人的家天下　怎能容下
諸子百家　紛紛以天下為己任的讀書人

註：「六王畢、四海一」；杜牧〈阿房宮賦〉首述秦始皇嬴政滅六國、統一天下。

不容天下有儒　豈容天下有兵
但憑秦人的金戈鐵馬　縱橫天下

銷六國的蛇矛　蜂鏃　龍戟　虎盾
鑄成咸陽市上　巍峨的十二金人
成者王　敗者寇　寇是匪　匪當論罪
千千萬萬的戰俘悉成戰犯　盡入囚營
哀我操南音　著南服的三楚軍民
人最眾　刑最重　「楚囚」是以得名

四海之內　莫非王土　莫非獨夫的財富
率土之濱　莫非王臣　莫非獨夫的子民
竭天下人力　窮天下物力　以工代役
大興土木　興建獨夫心目中的夢幻工程
築萬里長城　東起渤海　西指蔥領
築阿房宮　三百里雕樑畫棟　隔離天日
驅七十萬戰犯　鑿空驪山　深達幽冥
為一代暴君　築地下的億代佳城（註）

註：李白〈秦王掃六合〉詩：「刑徒七十萬，

起土驪山限」。嬴政十三歲（公元前二四六年）繼王位，即開始營造墳墓，歷時三十八年至快死時尚未竣工。

開二重泉以為天　一面穹窿　儼然蒼蒼
闢三重泉以為地　一片川原　儼然茫茫
上綴夜光珠玉　奪日月輝煌　星辰燦爛
下潴水銀氾濫　呈江河浩蕩　湖海汪洋
樓閣要勝於阿房　殿堂要雄於興樂（註）
要集梁珠　趙璧　燕金　越玉　聚為寶藏
生　恨不成九天之仙　死　理當是九泉之帝
地下的秦皇陵寢　陰曹的另一座咸陽

註：阿房宮、興樂宮，均為秦代的有名宮殿，阿房宮似以樓閣為主，興樂宮似以殿堂為主。

捍衛禁城　例有近衛軍營　駐有虎賁精兵
戈戟森森　刁斗凜凜　確保帝居的安寧

暴君的一念之仁　豁免了真人真馬殉葬
准用等身的逼真的陶俑　代作犧牲
浩大的地下皇陵　應有浩大的近衛軍旅
天下郡縣　競相打造精緻的陶馬陶兵
兵俑手持鋒利的兵器　原是真實的精品
不出三載　不復存在　轉入了西楚軍營

前人掘墓　悠悠的兩千年後　後人掘井
掘井深深　深入地層　掘出浩大的俑群
有將軍　有士兵　栩栩如生　面目可憎
儼然是列陣待命　威風凜凜　殺氣騰騰
雄師徒具雄姿　個個手無寸鐵
弩手作勢而無弓矢　衛士怒目而無戈矛
據說　手無寸鐵　揭竿而起的義師曾經來此
掠取「五兵」　以秦之矛攻秦之盾　攻破了咸陽（註）

註：「五兵」為古代五種長短兵器的統稱。

楚滅魯　滅不了千秋俎豆的魯聖道統
秦滅楚　滅不了萬代薪火的楚賢詩魂
自古及今　幾人稱王　幾人稱帝　「俱往矣」
誰的語錄共《論語》不朽　誰的風騷共《離騷》長存
二十一世紀的楚裔　面對兩千年前的秦俑
讓歷史的悲痛轉為悲憫　融入懷古的幽情
我不忍在將軍俑裡端詳　誰是白起　王翦（註）
且往台北市玉市　覓一尊白玉觀音

註：秦將白起，公元前二七八年攻楚、陷郢都。十八年後伐趙、坑趙降卒四十萬。三年後，降罪賜死。秦將王翦，公元前二一四年滅楚。

二〇〇一年三月二十三日《聯合報》副刊

作者簡介

鍾鼎文，安徽舒城人，一九一四年生，一九三〇年開始以筆名「番草」發表新詩。一九三一年入上海吳淞中國公學（大學、校長胡適），詩作受文壇重視。次年該校毀於日軍砲火，作者轉學北京大學。一九三三年留學日本，入京都帝國大學，是年冬，父母在家鄉遇害。一九三六年回國，執教於南京中央軍校、上海復旦大學；旋任上海天下日報總編輯，抗日戰起，上海淪陷，轉任桂林廣西日報總編輯。其後歷任軍職文職，均繼續寫詩。

一九四九年來台，寫詩甚勤。出版詩集有「行吟者」、「山河詩抄」、「白色的花束」、「雨季」等。外文譯詩集有英文，The plateau，（高原），法文，le pont ，（橋）、荷蘭文 De Brug（橋）、義大利文 Cipress E Coralli（檜相與珊瑚），德文詩畫冊葉集 An Boad einer Wolke（乘雲）、In Den Waldern Meiner Seele（人體素描）等。

作者曾發起創立中華民國新詩學會，世界詩人大會及世界藝術文化學院，並主持會（院）務多年，迄於年邁退休。

靈 歌作品

點燈

星星都墜下了麼
當所有願望全部落空
深情的雙眸
是無星無月的夜空

你是
曠野中擎著火把而來的女神
是死寂的黑夜裡
悠揚的笛聲
讓我飄盪的魂魄
重回冰冷的軀殼

且覆我以溫熱的體溫

原來
生命是如此冷酷而溫暖
原來
真情是如此虛假而真實
原來
許願總是落空又重現
當我迷失在虛幻的濃霧中
是你點亮了一盞燈
一盞小小的心靈之燈

二〇〇一年《秋水》詩刊一〇九期

作者簡介

靈　歌，本名林智敏，一九五一年出生於台北市。

世界新聞專科學校三專，編輯採訪科畢業。現為一家科技公司負責人，四年前全家移民紐西蘭、大陸三地來來往往。著有「雪色森林」詩集，寫詩近三十年。

身為一位企業人，寫詩，是忙碌生活中的小憩，是物質生活中心靈的明燈，讓自己長存赤子之心，不在滾滾紅塵中迷失。

蘇青作品

臉孔

金黃色的橘子風乾在柴油火車的月台上
皺紋細繩般綁緊阿嬤的
視界，彎成一道眉月照著佝僂的軌道
佇在記憶中鬆成風景

當捷運票卡駐守在
出入口計算橘子老化的刻度時
車速卻模糊了歲月的五官

在明亮的月台上等待前進的—
我看見一張張的臉孔被車箱輾平

在日曆裡僵硬成櫥窗中的造型

二〇〇一年《大海洋》詩刊六三期

作者簡介

蘇青，本名許玉青，現正就讀國立中央大學中文研究所碩士班一年級（升二），曾獲得中興大學校內文學獎新詩獎、小說獎、中興文藝月詩歌朗誦比賽；救國團文藝營文學獎小說獎、研習心得散文獎；全國學生文學獎新詩獎；聯合文學文藝營新詩首獎；二〇〇〇年年度優秀青年詩人獎；吳濁流文藝獎新詩獎，苗栗縣夢花文學獎新詩獎。

藍海萍作品

登山履卦

千萬條蜿蜒曲折的小徑
就這樣
披荊斬棘無限拓延

沿途的大樹
都倒了
都曾留下歷史的傷痕
當年抽刀斷木的拓荒英雄
也在輪迴中倒下
他們胸口的痛
一經牽動

就是刻骨銘心
新綠的苔蘚
總在雨後為他塗抹瘡藥

如今踩著前人的步履
每個腳印都是胎記
汗漬蝕過
硬繭磨過
血淚交織淌留過
而我
卻用感恩的心
一步一步向上攀爬

二〇〇一年《大海洋》詩刊六二期

作者簡介

藍海萍，本名曾菊英，生於高雄縣美濃鎮，現任教職，為大海洋詩社同仁，出版詩集《太陽城的謳歌》《致南方的海》。曾獲全國優秀青年詩人獎、鳳邑文學新詩獎等。

藍 雲作品

淚之諸貌

1

黑色隕石如雨下
有若天崩地裂
生命中難以承受的重
祇見杜鵑在啼血

2

似夢　非夢
忽聞飛來喜鵲聲
心花怒放
竟有不勝雀躍的落英

3

曾是豪情萬丈一男兒
而今霜降鬢際睹及感人畫面時
不禁如決堤湖水
臉上氾濫著一行行的無題詩

4

真珠無價寶
唯出自演員眼中者例外
尤有不值識者一哂的是
鱷魚假慈悲

二〇〇一年《乾坤》詩刊一八期

作者簡介

藍　雲，本名劉炳彝（另有筆名鍾欽、揚子江等）。民國二十二（一九三三）年生。

湖北省監利縣人。師範專科學校畢業，曾任中小學教師三十餘年。自五〇年代開始寫作，除零星的散文、小說等外，已結集出版的詩作有《萌芽集》、《奇蹟》、《海韻》、《方塊舞》、《燈語》等。曾獲中興文藝獎章、詩教獎等。現為中國文藝協會會員、中華民國新詩學會常務理事、中國詩歌藝術學會理事。一九九七年創辦《乾坤》詩刊，現任該刊發行人兼總編輯。

鯨向海作品

深山感覺

穿過向晚天色伸出的台灣肖楠上
兩隻松鼠舉高了毛茸茸的尾巴，沒有言語
山桐子在風中鮮紅欲滴
靜候大霧的啄食

整個秋日在此深得要碰觸到詩的地方
所有的思緒都被稀釋了

濃濃的睏意沉澱在小木屋裡
一直到床沿的高度
黑枕藍鶲薄荷涼的歌音終於穿透了那朵雲杉

夢像一顆松果跌入了霧浪之中
對窗外的世界呵一口暖氣
連心安靜下來的聲音也不能聽見

我們才發現
此生這是第一次真正地睡著

二〇〇一年《乾坤》詩刊一七期

作者簡介

鯨向海，本名林志光，一九七六年生，就讀醫學系。曾獲全國學生文學獎新詩首獎，大專學生文藝獎，台北市公車捷運詩徵選首獎，全國優秀青年詩人獎，教育部文藝創作獎，PC Home Online 明日報網路文學獎首獎，作品入選八十九年、九十年年度詩選等。詩集：《通緝犯》，二〇〇二年木馬文化出版。

羅門作品

詩的假期
——巴里島之旅

海與天藍在一起
被天地線分開後
　又藍到藍裡去
浪花與沙灘白在一起
被海岸線分開後
又白到白裡去
　除了藍
　是白
沿著天地線

靜　在遠中看
遠　在靜裡望
除了靜
　是遠

沿著海岸線
一排排浪峰在海上叫
一排排乳峰在岸上應
除了波動
　是起伏

世界自由的來
　自在的去
只留下最純的一條直線在走
　最美的一條曲線在動
除了風和日麗　波光浪影
是人與自然一起在悠遊度假

二〇〇一年一月一日《聯合報》副刊

作者簡介

羅門，一九二八年生，海南文昌人。曾任藍星詩社社長、國家文藝獎評審委員，世界華人詩人協會會長，曾獲中國時報推薦詩獎、中山文藝獎、教育部詩教獎及菲總統金牌與大綬勳章等詩獎。名列中文版《大美百科全書》。著作有詩集十七種，論文集七種，羅門創作大系書十種。作品選入英、法、德、瑞典、日、韓等外文詩選與中文版《中國當代十大詩人選集》等近百餘種詩選集。國內外著名評論家評介文章超一百萬字，已出版七本論羅門作品的書。

羅 青作品

二〇〇〇年十二月一日預見
卅一日傍晚在淡水觀日落有感

荷蘭人走得十分匆忙
慌亂的腳印間
滾動著一片片揉皺的樹影
歪斜的車轍間
掉落出一座小小的紅毛城

英國人走得從容些
搬得空無一物的庭院中
只留下一把被颱風吹壞的
黑傘，靜靜的插在

一只破裂的紅色垃圾筒裡
就這樣便到了傍晚
藍天奮其所有的中氣
把黃昏經營成最後一面大旗
一面熊熊焚燒著的
彩色大旗

紅紅藍藍的火燄之間
不斷閃爍著白日最後刺眼的光輝
把即將沒入黑暗的
一小段慘綠草坡
照得格外亮麗

那華美壯觀的黃昏大旗
無聲無息的足足燃燒了五十多分鐘
終於不得不灰飛湮滅成一群四處亂竄的蝙蝠
在暗紅天幕的襯托下

好像提前上市的春聯斗方
就這樣便全暗了
坐在不知該上還是該下的臺階前
側眼從紅毛城斑剝紅牆的這一頭
努力看過去看過去
不知是否已經有四五顆星星悄悄升起

二〇〇一年元月二十日中國時報《人間》副刊

作者簡介

羅　青，本名羅青哲，湖南湘潭人，一九四八年生。輔仁大學英語系畢業，美國西雅圖華盛頓州立大學比較文學碩士。現為台灣師範大學英語系及研究所專任教授。出版有詩集：《吃西瓜的方法》、《神州豪俠傳》、《捉賊記》、《隱形藝術家》、《水稻之歌》、《錄影詩學》，詩畫集《不明飛行物來了》、《螢火蟲》、《羅青書畫一、二、三、四、五集》；散文集《羅青散文集》、《七葉樹》；評論集《從徐志摩到余光中》、《詩人之燈》、《詩人之橋》、《什麼是後現代主義》；《絕妙好畫》一、二、三冊，編有《小詩三百首》等十八種。

歐陽柏燕作品

四季詠嘆調

她捲起舌尖吸吮遠山的雞啼
吐出的音節白裡透紅、彈性特佳
土撥鼠在圓周上預測愛情發芽的時間
紙鳶在盛開奶油香的天空飛舞
她旋緊生活的發條
戴上寬沿帽砌造一座詩的聖宮
花朵上綴滿蝴蝶的笑語
草香留給微風搾汁
她隱藏油炸一盤詩句的慾望
只涼拌了一道春天的彩虹

向日葵旋轉傳統的太陽
黑蟬唱紅了夏天的體溫
她深潛激盪出一朵朵耀眼的水花
悠游出魚群藻類活動的意象
詩的肚皮膨脹為銀白
她聆聽水鐘，心裡盛開一朵荷花
黑髮順著水波遨遊深藍
漣漪無限擴散詩的基因
她衝出水面的眼神比硃砂張狂
比深黑還窈窕比青蛙還更水聲

她剝開一枚豆莢，傾聽秋的繽紛版消息
藉著一株楓樹累積的年輪記錄
她開始收割
採擷黃熟的稻穗釀成絕句
枝枒上懸掛蟬兒的透明歌聲
桂花仔細釀出蜜意輝映合弦

晚風輕輕吹來
一莖蘆葦搖曳
她鍵入列印群星的密碼
月光隨著落葉的翅膀旋舞、旋舞

她襟前的鈕扣環扣北風，陀螺在腳下轉動
她的眼睛變幻水流的顏色
指尖磨出晦澀且堅硬的繭
而捲成洞窟形狀的球根繁殖著寂寞
她綻放乳牙的微笑
所有青草的複眼、蝴蝶的千手
都面向太陽的方向發出喟嘆
她咀嚼光，光咀嚼夜色，夜色咀嚼鐘聲
冬天的耳朵打開諦聽的花苞
一顆一顆紫色、藍色的鐘聲都在旋舞、旋舞

二〇〇一年《創世紀》詩刊一二九期

作者簡介

歐陽柏燕，福建金門人，一九六〇年生，曾獲優秀青年詩人獎，教育部文藝創作獎，台灣新聞報西子灣副刊散文獎，年度最佳作家小說獎、耕莘青年寫作會小說獎、散文首獎，出版有《失去季節的山丘》、《變心季節》（小說集）、《飛翔密碼》（詩集）、《歐陽柏燕短詩選》（中英對照詩集）、《魚與鳥的對話》（散文集）。現任職於《國語日報》桃園語文研究中心。

龔華作品

星光淚

當夕陽翻落
黑夜驟起
紫雲襲捲了
妳璀璨的笑靨

此時
妳彷彿在鹹濕的氣味中
遇見歲月的音容
和著自己的淚
將白日化盡

滴滴懸掛於高寒天際
聚為光點
為催促
宵待草的綻放
為指引
斷腸人的歸路

二○○一年《乾坤》詩刊十八期

作者簡介

本名龔華，筆名臨頻、沈萌。一九四八年十一月六日生，四川人。輔大食品營養系畢業，文化大學中文系研究所學分班肄業。從事貿易工作多年。現任「小白屋詩苑」社長。台北榮總癌友義工團體「同心緣聯誼會」會長，雜誌總編輯。曾獲散文創作獎等獎項。著有《心靈的讀白》（與父親詩人薛林合著）、《情思・情絲》散文集、《花戀》詩集、《龔華中英短詩選》等。

謝輝煌作品

梢公

撩撥千江春水
頭也不回
兩岸的風景
早已舉起寫實主義的筆
采錄輕舟的舞影

二〇〇一年《乾坤》詩刊一七期

撞球檯

大地一片碧綠
丈八蛇矛一揮

十個太陽倉皇奔離
一場大戰
誰能把機關算盡
世間沒有常勝的將軍

風急雲緊過後
江山依舊碧綠
該歸去的都已歸去

二〇〇一年《葡萄園》詩刊一五〇期

作者簡介

謝輝煌，一九三一年出生，江西安福人。通信兵學校高級班畢業。曾任中校軍官，台灣區金屬品公會會刊編輯，《葡萄園》詩刊經理、執編。現為中國文藝協會、中華民國新詩學會會員，三月詩會同仁。著有散文集《飛躍的晌午》。

潘皓作品

神遊

今夜我枕著濤聲
傾聽長江三峽的湧動
一個浪波
便越過萬重山

當金龍寺的佛光
蔚為碧之湖的點點漁火
孤航的夢正向
西山外的雲海漂流
而這時我在讀詩

躺在夜底草原上
看星垂平野
捕捉新古典主義浪漫風采

可是這朵
心靈活動的聚焦
有時卻也會
在燈火闌珊處帶給人
以失落的悵惘

或許這就是所謂
不朽的唏噓
與遺憾，乃至如今
仍在上演的《人間四月天》
徐志摩的
那抹淡淡哀愁

莫名的是
驟聞一場春雨
讓那遠去了多時的蛙鼓
忽又自天外
無涯岸之河嗝嗝
戛然打斷
我神遊的迷失

二〇〇一年三月五日《世界論壇報》副刊

秋之向晚

當昏暗的天空低下頭
遠山的漂木幻為
斜陽外海的潮汐灰濛的湧現

從一陣沸騰蟬聲中
沖淡了那模糊卻又帶些
微紅的蒼涼嵐影

郊原的芒草猶在告白
但憂鬱的秋之神
便搶先擁抱著霧雨寒煙啜泣
讓太多漂泊的靈魂
受困於落日渡口而化作
晚風的蝶翼飄搖

這時有詩人以高瞻的
神采凝視著一隻
歸林的烏鴉迅速地穿過懸崖
迸發出閃爍的光波
之後，竟又成了原住民
狩獵擲出的箭鏃

二〇〇一年十一月二日《世界論壇報》副刊

作者簡介

潘皓，筆名野農，安徽省鳳陽縣人，國立台灣師範大學碩士。從事教學及社會工作之研究近四十年，曾任大道雜誌社社長，南亞技術學院、中國文化大學、東吳大學講師、副教授、教授。現任朝陽科技大學教授，暨中國社會工作協會、中國詩歌藝術學會副理事長。著有：《哲思底視界》、《均富社會與經濟發展》、《社會安全制度之規劃與實施》及《中國社會福利思想與制度》等學術論著多種，以及相關論文五十餘篇，頗受海峽兩岸學術界之推崇。

在現代詩創作方面，曾著有詩集：《微沁著汗的太陽》、《在莒集》、《夢泊斜陽外》、《雲飛處》、《雪泥煙波》，尚有《哲思風月》等集亦將陸續出版。

劉建化作品

迎接太陽冉冉升起

你嚮往陽光的明澈
恒在長夜漫漫中念及
依遍欄杆于夜的帷幔內
或在自己的寂寞香閨深深處
久久地幻思者　沉睡在夢裡
盼望它的蒞臨　而夢囈著
呼喚它的名字　太陽我愛
終于黎明時分　透出信息

你趕忙奔向海之濱
看東方水平線上的晨曦

49

溢射著數不清芒光之射線
從拂曉時刻一泓霧的瀰漫中
射落了眾多星子們悄悄殞逝
霎時間埋葬于大海不見蹤跡
但只見海濤翻起徐緩的孟浪
舞著曼波迎接太陽冉冉升起

升華

請傾心地靜聽
是一種什麼聲音
如此妙曼悅耳心怡
令人感到漫馨和諧神聖
我們默然地踏上音符的波階
身如輕燕般地展翅　逐次升華
升華到一個純美至高的忘我境界
感到這融洽的聲音　添進了心靈

是你一支動聽的歌聲
引領我們踏入域外的世外桃源
如同接近天堂的邊緣
就好像穿過富堂華麗的宮殿
從未見過的花團錦簇的園中
讓我們享受這無比的歡愉
如此一次又一次地升華
幻麗春江花月夜的遐思

沉醉玫瑰的夢

在送別的歸途
回味緊握的掌心
那股熱流相融的激騰
一如車子疾馳晃動的癲簸
簸彎了雪地與陽光的折射

自己的心緒也七上八下跳動
路邊白色群樹也依序的倒退
此刻你只品賞他和煦的笑容

你能挽留些什麼
群樹的倒退與車的疾行
抑或挽住時間長流的回轉
任憑車的疾速縱情地馳騁
它豈能追逐這光速的迅捷
哦！在這正午雪的耀目時刻
它好像告訴了你默然的心語
使你在歸途沉醉玫瑰的夢

二〇〇一年《五月詩簽》四七期

作者簡介

劉建化，學名可熒，筆名丁尼，一九二七年十二月一日生，山東黃縣人。現為中國文藝協會、中國作家協會會員，曾任中華民國新詩學會理事、中國詩歌藝術學會常務監事、英國劍橋國際名人傳記中心列入《世界名人錄》中，及美國世界藝術文化學院贈予榮譽文學博士學位。歷任《中國詩友》、《葡萄園》詩刊、《中國詩歌選》編委、並創辦《桂冠》詩刊、自任主編，出版詩集《豐盈季》等十五集，待出版的有《靈糧》等一二四多集。

劉小梅作品

昨日的形式

黎明
一如昨日的形式
儘管改革之聲甚囂塵上

老
也一如昨日的形式
儘管它一直苦思
想來點創意

還有
沙漠之愁

文學之淚
以及
沒有形式的
人心
也一如昨日的形式
儘管電腦已統治世界

二〇〇一年《乾坤》詩刊二〇期

作者簡介

劉小梅，祖籍山東，一九五四年出生於台北市。輔仁大學教育心理學系畢業，美國聖約翰大學亞洲研究所碩士。目前為中廣公司節目部編審。著有《驚艷》、《雕像》、《劉小梅短詩選》等詩集、散文、小說、格言十餘書。曾獲台灣《中國文藝獎章》、《優秀青年詩人獎》、美國《二十世紀成就獎》、《傑出作家金鑰獎》、英國《金星獎》、《國際婦女獎》、世界《桂冠詩人獎》等。

隱地作品

背影

生命中的每一天
像翻過山頭的背影

複製羊　複製牛　複製人
時間可以複製嗎

時間不老
會老的是人　以及
人組成的世界

擁抱我們的人

最後　都成為翻過山頭
愈行愈遠
看不見的背影

我們是時間的背影
歷史是我們的背影

二〇〇一年九月九日《聯合報》副刊

作者簡介

隱　地，一九三七年生於上海，浙江永嘉人，曾任《書評書目》雜誌總編輯，現為爾雅出版社發行人。著有短篇小說集《幻想的男子》、《隱地極短篇》，散文集《愛喝咖啡的人》、《盪著鞦韆喝咖啡》，小品集《心的掙扎》、《人啊人》、《眾生》及詩集《法式裸睡》、《一天裡的戲碼》《詩歌舖》等二十餘種。另有唐文俊（C. Matthew Jowns）譯《七種隱藏》（隱地詩選，中英對照）。

魯松作品

白千層

要怎樣的排列才算成趣
數十年，我們就如此的立著
感受風雨的洗禮，日月的光華
成長為山莊的景觀

瞧，不能用帶色的鏡片
裸裎美並不代表著醜陋
人要臉、樹留皮，而我們的外衣
卻被層層剝掉，化為液漿
腳踩著新世紀的土地

讓古老的藝術自蔡倫的手中
復活。變相成千張白紙
誰曾把來寫過萬金家書

寫過大千世界，寫情人的眼淚
寫七彩繽紛的蝴蝶
在萬花叢中飛舞
寫歷史的文明，承傳世代墨香

而春去秋來，挽不住詩人的酬唱
悠悠獨白，潛藏在民間歌謠中
讓繼起的生命，沿著風向
往四方傳送

註：白千層，樹名。枝葉類似相思林，
　　而樹幹的皮層可做造紙的原料。

二〇〇一年《葡萄園》詩刊一五〇期

作者簡介

魯松本名孫宗良，一九三〇年八月十二日生，山東即墨人。國防醫學院畢業。在軍中服務三十餘年，歷任醫師、主任、副院長、院長等職。退役後任某軍眷診所主任醫師十二年。現任世界華文詩人協會理事，中國詩歌藝術學會會員，《葡萄園》詩刊副社長，《海鷗》詩刊社顧問等職。著有詩集《蒼頭與煙斗》、《鑼聲三響》《霧鎮陽關》等。

趙化作品

迴紋針

散落一地的心情
在與你邂逅後
都被依一拾起

曾經迷失
曾經徬徨
在一條人跡罕至的小徑上
天空一度沒有了方向
故事陷入撲朔迷離

因為愛與寬容

劇情才由驚險找到舒緩
有許多值得深思的章節
也才得以靜下心
寫下完結篇

一枚迴紋針可以
別住一段情
一個心靈的使者
如同夜半的一盞燈
照見的是
不再孤獨無頭緒的身影

二〇〇一年《秋水》詩刊一〇九期

作者簡介

趙化，福建莆田人。本名林蔚穎，從事出版工作近三十年。現任中華民國新詩協會理事，秋水詩刊企劃經理，躍昇文化公司負責人，漢藝色研文化公司總監。編有《美麗是緣》詩集，著有詩集《藍色糖罐子》。

落蒂作品

億載金城

四十年前，一座斑駁的古牆
在荒煙蔓草間
滿載我十七歲的驚嘆
四十年後重修粉刷
對億載兩字解了又解
總想不透　只能活
數十寒暑的人們
竟想讓金城億載

所以秦皇漢武開疆拓土有理
所以成吉思汗鐵蹄到處有理

所以東條英機　希特勒　拿破崙
他們都是民族英雄
有理　有理　有理

城而可以億載，人們為何不可萬歲
此時空中正有一隻飛鳥
不屑撒下一堆鳥糞
不巧剛好落在城頭上
牠一邊飛　一邊鳴叫
有理　有理　有理

二〇〇一年《葡萄園》詩刊一五一期

作者簡介

落蒂，本名楊顯榮，台灣嘉義人，一九四四年生，國立高雄師範大學英語系畢業，曾任高中英文教師多年。現為專欄作家，有國語日報「新詩賞析」專欄，有台灣時報「讀星樓談詩」專欄。著有詩評集《兩顆詩樹》、《中學新詩選讀—青青草原》，詩集《煙雲》、《春之彌陀寺》、《中英對照落蒂短詩選》等，詩作入選多種詩選。曾獲中華民國新詩學會「優秀青年詩人獎」、「詩運獎」、「詩教獎」等。

楊平作品

致東坡

——赤壁懷古有感

風華千載後
滔滔的大江淘不盡
紅塵中的情仇與興衰

風雲的三國　風流的人物
八十萬的蒼生
換來了一夜賭注、千年驚嘆
鐵甲　銀光　火船　羽扇
江山如血，一時多少／豪傑

佇立蒼茫，江畔的石壘不語

美人攬鏡的風姿猶在
惟多情的我輩漸老
前有詩人　後有來者
極目神遊的共感千古憂歡
多少風發的笑談未了
今夕何夕
一樣的清風明月東逝水

二〇〇一年《葡萄園》詩刊一五二期

作者簡介

楊　平，一個愛詩的人。著有《空山靈雨》、《永遠的圖騰》、《藍色浮水印》等多部詩集。現為《創世紀》詩刊社主編。

楊啟宗作品

酒測

以為
雲因超載
滾落了滿地的雨
以為
風因超速
吹落了滿街的燈
以為
雷電擊中了我的車子
然後
昏暗、劇痛
卻不是「以為」

「杜康」走
「糟糠」來
她在急診室哭泣

二〇〇一年《乾坤》詩刊一九期

作者簡介

因為讀詩，發現了人生的真實和快樂，而為了對詩運貢獻一點綿薄，現在參與中華民國新詩學會會務與乾坤詩社社務，祈望我們的社會能夠因詩更加的美好與祥和。詩可以指引人，找到真理、有幸讀詩、寫詩，人生如此、夫復何言。

曾美玲作品

秋雨

揮別青春的紅焰
揮別昨日的輝煌
你蕭蕭灑灑走來
一路吹弄
清瘦的蘆笛

終於卸下
盛夏濃妝的面具
走出滂沱的往事
走出憂傷的深巷
疏疏落落的眼神
重新描繪

遼闊的天空
飄邈舒緩的步履
任意捕捉
淡泊的雲影

吹弄寧靜的小調
吟哦忘情的詩行
你瀟瀟灑灑離去
一路揮別
亙古的蒼涼

二〇〇一年《秋水》詩刊一〇九期

作者簡介

曾美玲，台灣省雲林縣人。一九六〇年生。國立台灣師範大學英語系畢業，現任教國立虎尾高中。著有詩集《船歌》、《囚禁的陽光》。曾獲師大新詩獎、童詩獎、全國優秀青年詩人獎。

晶晶作品

跌宕詩路

拋開邏輯或非邏輯的文字
忘掉古舊及污染的語言
此刻的心境　不受干擾

從孤絕起步　御風而行
超越自我的迷戀
讓跌宕的詩興
恣意奔放　升騰

時空之外　不再有任何拘限
我已非我

也許是一朵雲
在空中寫意
也許是一束光
在水面閃爍
砂之上 有雕塑的風
山之間 有潑墨的雨
隨著生命無所不在的感動
任由詩路跌宕
自然性靈隨緣

二〇〇一年《葡萄園》詩刊一五〇期

作者簡介

晶晶，本名劉自亮，河南羅山人，一九三二年生，浙江杭州女中畢業，曾服務軍職，現已退役。作品曾獲文協第二十七屆詩歌創作獎章，現任中國詩歌藝術學會及中華民國新詩學會監事，著有《春回》、《火種》；詩集：《星語》、《曾經擁有》等。二〇〇〇年獲詩歌藝術創作獎。

詩薇作品

沉蝶

在蝶變的歲月中
臨風飛舞
是進化之終極

孕一生夢想
於蛹內虔心修練
在弓身破繭的剎那
乍見
露珠上反照的霓裳
如此精工　何等斑斕
陽光煦煦撫慰

粼翅熠熠生輝
而半邊未及織就的裙裾
竟　委委拖曳於殘殼中

偏不該
生就一隻眩麗蛺蝶
卻蜷曲了彩翼
翩翩已是來生之想望
飛天　是墜落時
椎心的夢幻

二〇〇一年《秋水》詩刊一一一期

作者簡介

詩　薇，本名羅秀珍，一九四九年六月十三日生，廣東興寧人，台南家專會統科　畢業。原服務於空軍聯隊，現傳授中國結手工藝。為台南市文藝作家協會、台南市青溪新文藝學會、台南縣美術學會、高雄市國際文化藝術協會會員、《葡萄園》詩刊編委、《小白屋》幼兒師苑主編等，著有詩集有：《情結》、《風情》等多種。

路痕作品

葡萄

嚮往一種甜
必得耕之以汗的鹹
淚的苦
心的酸
期待一片綠
先要犁破心之荒蕪
拭乾血之腥紅
疲累之枯赭
追求最後的圓滿　請默默
忍受蠕蟲的嚙咬
烈日的燒烤以及霜雪的煎熬

所以在豁達中飽滿
所以在堅毅中成就
一顆晶瑩剔透的
靈果

二〇〇一年《葡萄園》詩刊一五〇期

作者簡介

路　痕、陸　恆，本名李茂坤。一九六三年生於嘉義市。菲ADAMSON大學企管碩士，曾任雜誌主編、專欄主筆。獲八十四年優秀青年詩人獎、第一屆桃城文學詩佳作獎、第一屆艾青杯優秀作品獎（未領獎）。

詩作曾入選《八十四年詩選》、《一九九七、一九九八中國詩歌選》、《小詩瑰寶》、《可愛小詩選》、《葡萄園小詩選》、《詩國詩星》、《百年震撼》等多種選本。

已出版有詩集三冊、科幻小說七冊。另有已完成作品《置換》、《天梯》、《斷片》、《光之石》等四部。

傅予作品

臍帶

一塊小小的石頭
來自長江三峽的河床上
宛如大地上一塊
不朽的胎記

歷經億萬年後浪追前浪的嬉戲
歷經億萬年日月精華的輻射
你已修煉成一朵
不凋的石蓮

角落一塊小小災區的傷痕

可是你流竄星河撞擊的疤痕
或是燧人氏鑽石取火
一部歷史的標誌

一塊小小的石頭
你是地球上一塊不朽的胎記
你是大地上一朵不凋的石蓮
你是人類歷史上一部永恆的標誌
我要輕輕地摩挲你
我要默默地緊握你
因為你是來自大地母親的懷裡
因為你是來自長江三峽的臍帶

二〇〇一年十二月十四日《青年日報》副刊

作者簡介

傅　予，本名家琛，一九三三年生，祖籍福建福州，任公職四十六年，于一九九八年退休。第一首詩作品〈走過去〉發表于一九五三年二月二日自立晚報《新詩週刊》第六十五期，一九五五年曾自印袖珍型小詩集《尋夢曲》。嗣因公忙中斷約三十年未寫詩，一九九九年台灣〈九二一〉大地震後又開始塗鴉，同時應邀加入《乾坤》同仁，二〇〇一年元旦由文史哲出版社出版詩集《生命的樂章》，現為中國詩歌藝術協會監事。

莊雲惠作品

遙遠的飄逸

把自己從現實剝離
於是，像一隻孤獨的魚
以優雅的姿態泅泳
向汪洋更深處

不要束縛
不被羈絆
懷藏著緣起緣滅之清夢
領受著乍生乍滅之悲喜
緩緩行游
我是一隻孤獨的魚

孤獨不等於寂寞
釋放不等於流浪
在沉默中追尋光輝
我看見
比遙遠還遙遠的飄逸
招手
在潛靜中聆聽海籟
我聽聞
比遼闊還遼闊的無盡
呼喚
我，一隻孤獨的魚
清澈地可以勾勒自己的形象
透明地可以觸及自己的脈動
以優雅之姿
緩緩行游

向遙遠的飄逸
向遼闊的無盡

二〇〇一年十二月二十七日《青年日報》副刊

漫溯

沿著回憶的曲徑慢慢走
漫遊的心情
悠蕩如一枚老葉
葉落而不聞聲

沿著回憶的曲徑
慢慢走
重新撿拾生命遺忘的片段
點點悲喜
滴滴苦樂

在若干年後的今天
已然成為流星雨的傳奇

沿著回憶的曲徑
慢慢走
走過風雨流年
走過霜寒歲月
不禁垂首低問
桀驁的你
是否仍是那追夢的少年
而我　而我
是否仍是
織夢的少女

沿著回憶的曲徑慢慢走
歷遍風霜之後
點點悲喜

滴滴苦樂
已如落葉溶入春泥
將所有過往
高掛於遙遠的星辰之外
在薄雲掩映中
化為一痕清淡的寫意

二〇〇一年十二月二十九日《青年日報》副刊

作者簡介

莊雲惠，一九六三年生於新竹縣，致理商專畢業後即傾全力於自幼即已熱愛的新詩、散文與水彩畫創作。

曾任職出版社、雜誌社編輯、主編，及台灣新生報機要秘書、專員、秘書。

著有詩集「紅遍相思」、「心似彩羽」，散文集「預約一生的溫柔」，散文水彩畫集「花開的聲音」，新詩水彩畫集「綠滿年華」等著作。

榮獲「全國優秀青年詩人獎」、「新詩創作文藝獎章」、「水彩畫創作文藝獎章」、和「中興文藝獎章新詩獎」。並曾舉辦多次新詩水彩畫展及參與國內外展覽十餘次。

麥　穗作品

——阿姆斯特丹三題

木鞋

木鞋
徒具防水的功能
卻遠離了護腳的歲月
木鞋
已升級到觀光客的
手中

鬱金香

遍地的奼紫嫣紅
是為我們絢爛的嗎

不
它們在觀光客前
奔放地演出後
亦將遠渡重洋
去換取第二次外匯

風車

風車轉動
已不必靠風
風車轉動
已不是為了抽水
風車轉動
是滿足
一波波的遊人
因為這裡是
風車之國

二〇〇一年《海鷗》詩刊二十三期

作者簡介

麥穗，本名楊華康，浙江餘姚人。一九三〇年出生於上海市。來台後從事森林工作三十餘年，及參與工運多年。早年曾加盟紀弦創辦的「現代派」。現任中國文藝協會副秘書長、詩歌藝術學會常務理事、新詩學會理事。《海鷗詩刊》、三月詩會同仁。曾獲頒第十五屆中興及第三十五屆文協文藝獎章，一九九一年詩運獎。著作有詩集《鄉旅散曲》（合著）、《森林》、《孤峰》、《荷池向晚》及北京版《麥穗詩選》香港版中英對照《麥穗短詩選》。散文集《滿山芬芳》、《十里洋場大上海》詩論集《詩空的雲煙》等。

雪飛作品

微醉

請妳為我
斟滿一杯葡萄美酒
喝一杯
讓我微醉

在微醉的眼裡
月最圓　星最亮
你最美，百花
都會開放
在微醉的心底

情最濃　意最深
愛最純，萬事
我都明白

微醉不是沉醉
還能辨別天上、人間
絕不會步李白後塵
投入水中空撈月

微醉不是爛醉
爛醉如泥無感覺
不知花落滿地　不覺
黛玉葬花的悲哀

昨夜滿天繁星
今朝只剩浮雲一片
喝一杯葡萄美酒

讓我微醉

去年花開滿枝
今春不見花的芳影
喝一杯葡萄美酒
讓我微醉

飲酒必須微醉
不醉不會散發出酒香
淺淺的醉意
綻出純真的笑容

請再為妳和我
斟滿一杯輕言細語
花前月下共飲
我們都微醉

二〇〇一年《秋水》詩刊一〇九期

作者簡介

雪飛，本名孫健吾，亦名光裕。一九二七年一月一日，出生於四川省酆都縣。現為開業醫師，並擔任《秋水》詩刊社副社長。其長詩曾分別獲國軍文藝金像獎（一九七 八年），及青溪文藝金環獎（一九九〇年）。著有詩集《山》、《大時代交響曲》，詩論合集《滑鼠之歌》等。作品被選入多種選集。

張清香作品

情旅

雪一直未溶
自你別後

思念是紛飛的雪花
覆蓋離別的驛站

日日等待溶雪的陽光照耀
像夜夜苦守空閨的怨婦

流光在風中消瘦
期待中珠黃的是女人

笛遠　又跌碎一個夢
夢醒參悟的清明，可會
穿透絕望後的荒涼
自天方霞照
像旅程之有
始
終

二〇〇一年《秋水》詩刊一〇九期

作者簡介

張清香，一九四五年生於台灣省台南市。現為「乾坤詩刊」社務委員，「三月詩會」同仁，中國詩歌藝術學會理事。出版《流轉的容顏》詩集及《張清香短詩選》《叢書，中英對照》。

張朗作品

秋瑾

八國聯軍的槍砲聲　雜著
千萬同胞的悲號
震落了自幼捧讀的女兒經
永恆及時雙手遞上
一本《救國救民之路》

妳小心地接著　一邊
認真地讀一邊踢掉
千百年長的裹腳布
邁開舊禮教、病態美
聯合禁錮的雙腳
走出王廷鈞的青雲夢

走出東方婦運的第一步
走進體育學堂，走進革命陣營
最後、在炎炎夏日
冒著妳心中愁煞人的秋風秋雨
走完英烈人生的最後一程

古軒亭口
永恆再次伸出雙手
擁抱妳
擁抱祂至愛的女兒

二〇〇一年《乾坤》詩刊十七期

作者簡介

張朗，本名張領義，一九三〇年出生於湖北省孝感市，一九四九年隨政府來台，在部隊裡充任上等列兵，一九五〇年任官，一九七六年退伍並考入大同高工任教。一九四九年開始在報紙副刊及文藝刊物發表詩作，一九五五年因故停筆，一九八五年重拾詩筆，一九九一年自大同高工退休。著有《一千個希望》、《漂水花》、《淡水馳情》、《詩話江山勝蹟》，及《心靈的腳印》詩集五種。

陳義芝作品

流淚的月光

——為前輩舞蹈家蔡瑞月而寫

月光就是她的舞蹈
舞台在黑夜的天空
她踮起腳尖為我們跳最後一支舞
一旋身，潔白的銀輝
沒入溼冷的風雨裡

月光就是她的舞蹈
舞台在荒冷的牢房
她用手指祈禱，用身體唱歌
在夢中打開天窗

讓月光赤足旋舞

我在寒風下走著
想起她火焚後的劇場不禁流淚
受傷的魚抽搐在沙灘上
今晚的月光是待援的女兒身
誰給她最後一塊流浪歸來的地板

二〇〇一年三月二十七日《聯合報》副刊

作者簡介

一九五三年十一月四日生於台灣花蓮，四川忠縣人。國立台灣師範大學國文系畢業，新亞研究所文學碩士。現任聯合報副刊主任，並於大學兼任教職。著有詩集《不能遺忘的遠方》、《不安的居住》、《我年輕的戀人》等七冊，另有散文、論著多種。曾獲時報文學推薦獎、中國詩歌藝術創作獎、金鼎獎。

陳雋弘作品

天使之書

1

每天晚上十一點
我就退化為一隻耳朵
只剩下聆聽妳呼吸裡
花開微弱聲響的能力

2

而飛翔是什麼呢
我總在即將觸摸到雲端時
又毫無原由的墜落
原來這世界擺滿了鏡子
我奔向前去

你卻一直站在我的背後

3

逛大賣場時
我用佔地近千坪的心
呼喊妳的名字
卻遲遲找不到出口
可以結帳

二〇〇一年《乾坤》詩刊二十期

作者簡介

陳雋弘，一九七九年生，現就讀於高雄師範大學國文研究所。曾為《幼獅文藝》二〇〇〇「YOUTH SHOW」第九站推薦新秀，並於台灣日日詩、中央副刊、乾坤詩刊等地方發表過詩作，作品被選入《愛情五味》《林德俊主編》網路晴詩選、《拼貼的版圖—乾坤詩選》。《詩次元—二〇〇一網路年度詩選》，並獲「詩路二〇〇一網路年度詩人」。

陳素英作品

懸空寺

恆山上
草木合上眼
長出一排耳朵
從儒釋道的岩壁而出
山醒了過來

動靜山聲
觸及人間喧嘩
蔓延成靈修的虹影
橋搭了起來

打坐的菩薩
各有禪悟
各有所立
山也站了起來

徐霞客遠在明代還未到
李白立在大唐一語不發
只在蒼翠的山畫中
落款壯觀而去
山暫時歇腳　睜眼看看

墨色驚起滿山的蟬鳴
蘸上立錐的赤耳的頻率
滄桑大千中
山走了出來

晉祠元雜劇八音樂隊

深垂的耳墜
一臉的穩健
厚實的雙頰
告別唐的豐潤
　宋的瘦削

草原民族的生命力
鼓動著歷史興衰
台前台後應付裕如的自在
無論彈撥、拉絃、吹管
交會在戲曲韌性的圓場
一如征服天涯後奔向世界之軌的馳騁
而夜晚守著地球似的蒙古

一方歷史的窗
透出各種的表情
在文字之外

在風吹草低見牛羊之外
一段段心聲
都是隨身的劇本
唱澈一座座三晉
大大小小的戲台
而此刻的臉正像散場時
趕在回家的路上

一群站著寫作的朋友
把故事寫成一座座舞台
藏在樓台芳草之中
而讀者 也必須立著翻閱
在戶外 一起
休管它風飄雨瀟

視線、琴、馬

有人拉開了我的視線
地平線如弓闖入焦距
馬蹄奔騰
成綠色寬銀幕
銀幕縮小時
確定只有一人一馬
在一條係縫隙中
遠去　風說
不是地平線
是琴弦

我懷疑
睫毛成了馬鬃
或者
一束風海中飄蕩的馬尾
眼眶
成了一支支弓弦

充滿速度
試圖追回遠去的馬
一不小心　便
墜入天涯

二〇〇一年《創世紀》詩雜誌一二九期

作者簡介

陳素英，筆名墨韻，中文研究所畢業，歷任世新銘傳、藝術學院等校教職，著有《文心雕龍對後世文論的影響》、《有聲詩歌的音樂表現》、《戲曲舞蹈的特質研究》等，曾獲青年優秀詩人獎、散文獎、歌曲創作獎。曾製作CD《古典的新聲》有聲詩歌系列。並任華視空大宋詞選及中國文學專題系列之詞曲演唱。詩畫作品有《東歐印象》、《希臘行》、《西北行》、《圖騰》。詩作有《聽雪集》、《江南遊》等，中英文詩集有《回響集》、《待續風景》。目前任教。

陳　墨作品

寫在清明前夕

一堆黃土　幾簇青草
您悄然隱居其中

多次在您墓前站成生命的泥牆
卻無法抵擋水土的流失
聲聲呼喚　無力穿透黃泉
空留滿地懷念

被洪流沖落天涯的我
正在命運的泥沼掙扎
夜半的哽咽如撒嬌的變奏曲
你可聽見？

您留給我的血液
常在心靈深處澎湃
毋須為一點憂患吵醒您的安眠
畢竟還保有您留給我的骨氣
別後十六年我已滿面滄桑
清明之前 紛紛夜雨把我濕透
明天我將到墓前弔唁
再次請您原諒我的不肖

二00一年《乾坤》詩刊十九期

作者簡介

陳　墨，本名陳聰欣，台灣嘉義人。現任安神科技公司總經理，多年工商界浮沉漂泊，難免有幾許無奈，傷感在歲月的角落發芽。

近作：《陳墨的皺紋》，那是大陸十年滄桑的種子在心園的無菌室培殖的嫩苗，歡迎各位先進多指教。

胡品清作品

白色教堂

蒼穹下
蒙馬特山丘上
站著聖心堂
站出「矗」字的樣子
祂皎潔　圓渾
以石質複眼
望盡繁華事散逐香塵

寶座傾塌
宮殿殘破
唯祂

宗教建築物　精神堡壘
永不淪為烏有
願祂屈尊凝睇
凝睇處
書窗裡
有鑽研雨連・格林的東方學子
迷祂之白之純祂之洵美且異
曾貽我
祂之聖影
耶誕鐘聲響了
虔敬地
我雙手合十祈願
為他以及芸芸眾生
只因
祂既帶來天國之訊息

亦降福於人

二〇〇一年十一月二十四日《聯合報》副刊

作者簡介

胡品清，一九二一年生，浙江紹興人。浙江大學英文系畢業，巴黎大學現代文學博士班現代文學研究。現任文化大學法文系教授。她是中英法三聲道作家、翻譯家及評論家。著有詩集《胡品清新詩選》、《玻璃人》、《冷香》、《薔薇田》及各種譯著，散文集等八十餘種。

涂靜怡作品

世俗之外

不管時空如何轉移
我依然是
風雨樓外
被世俗遺忘的
那朵小小茉莉

不刻意締造婉麗的風景
不隨心釋放一己的溫柔
我的天空 也許
只是一隅不起眼的
角落

不是名花
自然不懂得矜持
我的孤芳
只想 與
陽光 雨露
分享

二〇〇一年《秋水》詩刊一〇九期

作者簡介

涂靜怡，一九四一年生，台灣桃園縣人。現任《秋水詩刊》主編，新詩學會常務理事、中國文藝協會常務理事、婦女寫作協會會員。著有詩集、散文集《秋箋》、《畫夢》《我心深處》等十三部。編有《盈盈秋水》、《悠悠秋水》、《浩浩秋水》等詩選。另有詩畫筆記書《綠箋多情》、《紅塵留白》等多種。

彩羽作品

拾幾枚松枝取暖

——獻給陶淵明

「跌宕昭彰，
獨超眾類。」頂多
衹要幾盅黃湯下肚，五柳先生！看來，你，你
你會竟自不知
自己將要
樂成個什麼樣子

三徑、田園，縱浪大化
一晒幾葉庭柯，就連面容，都會
更換成另一種顏色，參差於魏晉的隱逸中

唯你一人，才能算是
真個的——「隱」了

「目倦川途異！」
你，平生
最最不大習慣的一件事，可能就是
——入仕宦途
心想與顏回者流，一較高下
寧肯一日三餐不濟
披件粗衫度日。五柳先生
其實，就是這樣
也並沒有什麼不好，就連我也認為
而「心」，總是
不能為「形」所役使的呀！反正
有座南山，只須拾幾枚松枝取暖，幾乎
你就可以，一聽山泉淙淙
且自在自如地

呆在那兒盤桓終日
秋冬之交，你，你
你還可
東籬之下採菊，至於南山
見？或者不見
倒也只能算是——一種心境

「凋梅雪作花
兀樹雲充葉。」五柳先生
本來嘛，其實
生命，也就是，這麼個樣子的
一種——禪

二〇〇一年《創世紀》詩雜誌一二九期

作者簡介

彩　羽，本名張　恍，湖南長沙人，一九二六年十二月四日出生。寫作歷程逾半個世紀，曾加盟「現代派」、「詩宗社」，目前為《創世紀》詩社、《海鷗》詩社兩社同仁。曾任雜誌社與報社副刊編輯等職。其作品長詩《鄂爾多斯》一首，為山東大學吳開晉教授，舉其為：「偉大民族的象徵！」，著有詩集《上昇的時間》，散文集《雪，一道萬里銀牌》等多種。現蟄居於台中市。

孫家駿作品

灘江行

雲在山中
山在雲中
水在山中
山在水中

雲落在水中
山倒在水中
天鋪在水中
船在雲、在山、在天上划行
水在灘江流動

山在灘江流動
雲在灘江流動
天在灘江流動

灘江把我也當成灘江了
山水雲天潺潺
潺潺把我展開
都在我體內流動

二00一年《創世紀》詩雜誌一二九期

作者簡介

孫家駿，一九二七年出生於河南商邱。國立政治大學東亞研究所。教職退休。著有《北向吟》、《湄南詩簡》、《軍旗下》、《遠去的鼓聲》、中外現代詩名家集萃《孫家駿短詩選》。

秦嶽作品

威海之晨

羅列著
　繽紛的花簇
　碧綠的草地
那是你的皇冠

流動著
　湛藍的海洋
　雪白的浪花
那是你的裙襬

動靜之間
　如詩的旋律
　如畫的色彩
那是你的容顏

夜夢初醒
　若山的沉穩
　若海的胸懷
那是你的風采

二〇〇一年《海鷗》詩刊冬季號

作者簡介

秦嶽，本名秦貴修。一九二九年十二月九日辰時生於祖籍河南省修武縣東門裡南后街祖居宅中。國立台灣師範大學國文系五十八級畢業。先後曾任教師，教學組長以及訓導主任等職。曾做過大地，小說創作，明道文藝及中市青年等詩刊雜誌編輯工作。噴泉詩社創始人之一，也是首任社長。

現任海鷗詩社社長、文學街出版社副社長兼總編輯。一九七四年四月榮獲青溪文藝第四屆書法金環獎。一九八八年三月榮獲第二十二屆中國語文獎章。一九八九年五月榮獲第十二屆中興文藝獎章新詩獎。一九八九年六月以詩集《井的傳說》榮獲台灣省學產基金會獎勵教師研究著作語文類高中組優良作品。一九九九年七月榮獲中國詩歌藝術學會第四屆詩歌藝術編輯獎。

中國詩歌藝術學會理事，台灣省文藝作家協會理事，台中市青溪新文藝學會常務理事。著有詩集《夏日，幻想節的佳期》、《井的傳說》、《臉譜》、散文集《影子的重量》《雲天萬里情》及論著《散文欣賞》書評：《書香處處聞》等書。

琹川作品

瓶中詩

以時間燒煉
以空間塑形
或直或曲逐漸調和
如女子青春之身
如流暢的水紋

質是玲瓏
月之光色
繪以深邃星眸
遼闊海波
復注夜瓣上飽滿的空靈

中鎮冰心一片
雪箋早已迷濛地攤開
嗶啵爐火　燃燒著
松枝的骨與血
蠟炬的淚與灰
凝成筆尖一縷幽香
於平平仄仄行吟之後
烙在箋上的一枚梅印
愛將此生搓成一捲輕煙
藏入緘默之瓶
等待雪的盡頭仍有暖陽
等待被等待的唇收魂
等待　自由地吐放……

二〇〇一年《秋水》詩刊一〇九期

作者簡介

琹　川，本名洪嘉君，台灣省台南縣人，一九六0年生，輔仁大學中文系畢業，師範大學國文研究所結業，現任中學教師、中華民國新詩學會理事，中國文藝協會、中國詩歌藝術學會、中國婦女寫作協會會員，《秋水》詩刊編委，秋水詩社網站駐站。

曾獲吳濁流文學新詩獎，全國優秀青年詩人獎，鹽份地帶文藝散文、小說佳作獎，輔仁文學散文獎。

著有：詩集《琹川短詩選》（中英對照）《在時間底蚌殼裡》、《飲風之蝶》、《琴川詩集》、筆記書《貓咪小寶貝》。另有《中國現代插花藝術》，《花道之美》、《格花入門》等書。

琹 涵詩品

聽聽那歌聲

當歌聲輕揚
乘著翅膀飛翔的心靈
遨遊在美善的天界

聽聽那歌聲
顆顆圓潤不摻一絲雜質
像滾落於水晶盤中
瑩潔剔透的珍珠

聽聽那歌聲
有溫暖的手拂去了

傷心淚痕
展現可期待的遠景

乘著歌聲的翅膀
我的心穿越過萬水千山
停駐在夢想的國度

雨

異鄉的雨
總落在遊子的心上
不知故鄉的朋友可好
故居前的花園是否四季繽紛

微雨中的詩情
靜謐如畫
宜於沉思

宜於歌
大雨時的萬馬奔騰
氣概驍勇
可以馳騁縱橫
無能阻攔

我願是一朵雲
飄浮在故鄉的天空
有一天縱身為雨
緊緊擁抱故鄉的土地

二〇〇一年《海鷗》詩刊二十三期

作者簡介

琹涵，本名鄭頻。曾獲中山文藝散文獎、教育部研究著作獎、省新聞處優良作品甄選獎、中國語文獎章等。著有《心靈花園》、《典藏深情》、《情牽一生》、《圓滿珍珠》、《美麗新希望》、《白色鬱金香》等四十餘種。

徐世澤作品

跨洲大橋

從遙遠的亞洲
伸出一隻手臂
和煦的陽光下
伸向對岸的歐洲

希臘人的手
握住了突厥人伸過來的手
幾塊感性的鋼板
將海峽隔開的兩洲連接

大橋，交流著兩洲的思緒

從亞洲傳來
成吉思汗的牧歌
羅馬人的十字架被圓頂蓋壓住
可蘭經震得海水嘩嘩的響

後記：土耳其第一大都市伊斯坦堡博斯普魯斯海峽上，有一連接歐亞兩洲的大橋，至為壯觀。

二〇〇一年《乾坤》詩刊十七期

作者簡介

徐世澤，一九二九年三月十三日生，江蘇東台（興化）人。國防醫學院醫學士、公共衛生碩士。曾赴美、澳、紐等國研究考察。十度代表出席世界詩人大會，足跡遍六十一國。曾任醫院主任、秘書、副院長、院長、雜誌總編輯等。出版中英對照《養生吟》詩集、《詩的五重奏》、《擁抱地球》、《翡翠詩帖》及《思邈詩草》等。

亞孅作品

孤獨之美

下班後
踏進庭園
把心交給詩
並給畫
留美麗的空間

聽聽草花與水霧對語
看看門前合境平安的
燈籠與晚霞映照

入屋來

一盤如意麵
炒綠色鮮金針
三朵埔里香菇
加四神合湯

特殊香味
只有我在品嚐
小雨剛過
山中無人

泉聲　蛙叫　蟲鳴
山水有情
盡是回憶

二〇〇一年《葡萄園》詩刊一五一期

作者簡介

亞嫩（女），本名郭金鳳。一九四三年出生宜蘭。台中家商、開封大學畢。曾任《彰化周刊》副刊主編。現任財團法人台灣台中聖壽宮《聖然雜誌》主編，《詩潮詩刊》社、《秋水詩刊》社同仁。清溪新文藝學會理事、中國藝術協會理事、中國國際文化藝術交流協會監事等。著有詩、畫合集《飛花有約》《琉璃花》，詩、散文合集《西園秋色》、《牧草流煙》亞嫩禪境創作畫專輯等多種。膺邀第十五屆世界詩人大會詩畫展。

素雲作品

我在春天聽到

我在春天聽到夏天的聲音
探子的風說
從玫瑰園飛出的蝴蝶
等著入夢
潮濕一季的雲
等著晾乾
我在海邊撿到一隻粉紅的貝殼
來自彼岸
我在夏天聽到秋天的聲音
愛笑的風說

被削去鋒稜的石頭
等著青苔
拚命綠過的葉子
等著飄落
我在山上揀到一粒飛舉的灰塵
來自大地

我在秋天聽到冬天的聲音
流浪的風說
海中每一滴水
等著蒸逸
情人眼中的淚
等著脫閘
我在路邊揀到一枚飽滿的果子
來自風雨

我在冬天聽到春天的聲音

穿過松林的風說
所有的山都仰望著天空
等著長出翅膀
所有的水都都仰望著青山
等著行腳
我在野地撿到一葉咸豐草
來自雪鄉

二〇〇一年《海鷗》詩刊一二四期

作者簡介

邱素雲台灣宜蘭人，民國四十二年生。台灣師大國研所碩士，台北市北一女中國文科教師。著有《陳白沙思想研究》、《聯苑英華》、《綠園聯話》、《中華對聯鑑賞辭典》、《綠園草木誌》、《紅樓夢神話研究》、《歷代茶詩聯、茶對聯》、《茶藝館聯研究》、《茶葉行聯研究》、《從對聯看布袋和尚與彌勒信仰》、《從對聯看觀音信仰》、《佛趣妙聯》等，散文《我的星月樓》、《風中的父親》、《媽媽的手》等，新詩《因為》、《旅》、《光陰五帖》、《美要過渡》等多篇。

馬驄作品

飯島愛旋風

不論從哪個角度切入
都能掌握住中心
任由
風向哪邊吹

如霧
一進城
招貼的上大腿就暗將下來
全城市青少年的心為之沸騰

裙裾擺一擺

即名揚天下
索興把自己裸成各種弧
任由鏡頭取景

寫真集裡只有寫真那有定義
不論是第幾刷

每頁俱不同的價碼
掀起三尺浪的海域竟在咫尺

合歡山上的雪球越滾越勁爆
低窪地區捧接雪紛紛的鈔票
裹著圓筒式的套裝暫吹吻別檔期
明年換裝季再吹來

二〇〇一年《創世紀》詩刊一二八期

街頭佛

不甘高高在上
又因
她們
他們
是釋迦牟尼的信徒

於是
趁上弦月的夜色
自山門閃出
悄悄地
踏入人間燈火

不為化緣
不為托缽
不為迷航指引
立在這裡

只為與眾生靠近
手示虛空
體放安祥
萬法唸化作「平安」二字
與車
絕塵而去

二〇〇一年《海鷗》詩刊春季號

步號

西線無戰事
一把號禁聲在壁上
那古銅色的胴體
在月滿大地時
猶兀自發出幽幽之燐光

達達蹄
蹄蹄達
號聲比蹄聲嘹亮
比馬蹄快捷
跑在前面領著一隊慷慨激昂

達蹄
達蹄
達蹄
一把號倒下去
另把號站起來
蹄達
蹄達
蹄達
煙硝瀰漫裡
消音與痛齊步
歡呼與號聲響徹大地

當雀鳥歸巢
號聲吹回整齊步伐
空氣中充盈著祥和
一把號斜掛在腰際
紅綢中飄飄威武
那是紀律

滿身都是硬骨頭
滿身都是音符
一把號
僅是一把號
禁聲在壁上
迴響
聲及高原的時光

二〇〇一年《海鷗》詩刊春季號

作者簡介

馬驄，本名馬忠良，一九三二年生，山東陵縣人。成功大學外文系畢業，美國南伊利諾州立大學博士。曾任成大外文系主任，學務長等職，現任成大外文系兼任教授。著有《冬日以望遠鏡賞鳥》詩集，專論兩冊。

風信子作品

有贈

——送吹葉笛的哈尼族姑娘

露台上妳用心吹著葉笛
笛聲嫋嫋 引人遐思
陽光炙熱 四顧無人
獻上一瓶白花油
願你稍解疲勞

離開的身影遲遲
只見你頻頻揮手送別
遊村的車子載走了我
直到視線不及處

猶有一隻小手
在空中飛舞

二〇〇一年《秋水》詩刊一一一期

附註：遊雲南民族村，在哈尼族村寨露台巧遇哈尼族姑娘吹葉笛，陽光熱烈，遂以隨身攜帶之白花油相贈，盼解伊人辛勞。

作者簡介

風信子，本名張敬忠，一九四九年生，台灣台南人。國立藝專影劇科編劇組畢業。曾任出版社經理、傳播公司文案企畫、雜誌社編輯。現任中國時報校對中心專員。著有詩集：《走方郎中》、散文集《南風的話》、《文學的夢》、《夏日的漂鳥》、《潛龍吟》、《心靈的投影》、小品集《靈思慧語》《心靈夜語》。並編有《一頁一小詩》（一～四輯）。

侯馨婷作品

你的白襯衫

你的白襯衫來自一整排陽光
通風的長廊和寬敞的笑
你的白襯衫總是空蕩蕩
房間蒸汽四溢
提起熨斗
　　　　　　　　我想要
平整一段太長太舊的雨季
因為我是習慣於角落堆積
　　　　　　　　一塊黴
未能飄過衫的那頭如風箏
追你的背和摩托車

海太重
我只能舉杯乾盡貝殼裡遙遠的哭聲
你在公路放聲大笑
公路綿延 yesterday once more

卡本特的眼睛
肩膀與友善的牙齒

唱歌的浪
陽光多麼濕

二〇〇一年《乾坤》詩刊二十期

作者簡介

本名：侯馨婷網路寫作ID：thorn E妹：jug-jug@yahoo.com.tw 現在都問是幾年幾班的，身為一個六年零班（嗚••還沒班可唸）的雙子座，有點新有點舊，彷彿常常在轉學（世界上可學之事真是太多了），也許常常看窗外（總是從內看向外既而又看向內），但是因為詩••得到了一種解釋：為何在這宇宙隸屬短暫渺小的我，會懂得那些悠遠恆久的感覺。

岳　宗作品

隕石坑湖

記錄千萬年前耀眼的隕落
僅此—荒山的一池空茫

晴空映入恆久的木然
遊雲飄過不返的身影
依然聚斂
深沉的靛藍
偶而皺成
風起的紋絡
誰曾思及
你從天外闊步疾馳的日子
硬生生掘開自挖的墓穴

如英雄深埋了炙燃的骸骨
一灣圓融湖水
平躺成緘默的墓誌

二〇〇一年《大海洋》詩刊六十三期

作者簡介

岳　宗，本名裴源，一九三七年生於天津市，原籍山東諸城。台灣師範大學畢業，菲律賓中央大學文學碩士，聖多瑪斯大學哲學博士班研究，夏威夷大學東西文化研究。曾任中學校長、大學教授。現任高風詩社社長、曾獲頒世紀詩人獎，著有詩集《寸草集》、《尺素集》、《丈量集》、《里程集》、《大地集》《星辰集》、《寰宇集》、《永世集》並從事英美兒童文學，菲律賓英文詩，美國黑人詩歌，及中國新詩史研究，均有學術論文發表。

林　齡作品

油桐花

油桐花，五月的雪
東風無力
為什麼遍地雪花
似乎輕輕地說
春去了

玫瑰花

妳相信嗎
它會說話

它會款款告訴妳
我深深的戀情

說出一些我說不出的
不是嗎
它乃愛情的使者

夜來香

白天，妳樸素無華
引不起人們的青睞
蜂蝶的眷戀

妳愛夜，六月的夜
妳愛晚風
只有在習習晚風中
始偷偷地將馥郁的心事

吐露

二〇〇一年《秋水》詩刊一一〇期

作者簡介

林齡，本名林義雄。一九四二年生，台灣省台南市人。曾從事紡織業多年。現為《秋水詩刊》社長，中華民國新詩學會常務理事。一九九九年獲詩教獎。一九六〇年就在《野風》發表詩作。著有詩集《迪化街的秋天》。

林德俊作品

城市淪亡的秘密

天空慫恿道路出走，喚雷雨來
毆打被表格塞住的日子
墨色暈開將乾未乾的字跡
街景蒙塵，褪不去一層黑披風

公園裡的鞦韆還前後晃盪著
曾有小孩雙腳直直想要搆住一片雲
被重重甩回來，只留下
久久不散的弧線

時間揉皺用力過猛的青春

傾倒路旁的重型摩托終究生鏽了
主人去了很遠的地方
遺落的筆記飄落一片走火的思想

就這麼被甩進一棟塞滿帳單的中年
數著一串歲月的空格念珠
逐漸陸沉的沙發上，依舊愛聽
記憶、寂寞與悲傷的環繞音響

明晨從未誤點，電動門準時
開啓一格一格的車箱
日子兀自來去
一回頭已過了站

二〇〇一年《乾坤》詩刊十八期

作者簡介

網路暱稱兔牙小熊，聯副「流行文化刺針」專欄作者，曾獲優秀青年詩人獎、乾坤詩獎首獎、帝門藝評獎……，入選八十九年詩選、九十年詩選、乾坤詩選等選集，論文《台灣網路詩社區的結構模式初探》獲國家文藝基金會獎助，曾主編二〇〇一年《乾坤詩刊》、E世代晴詩選《愛情五味》（白蘭地書房）及《詩次元——二〇〇一年詩路網路詩選》（與須文蔚合編，河童）、《保險箱裡的星星——新世紀青年詩人十家》（爾雅）等。

林怡翠作品

沒有櫻花的五月

天使已經來過了，粉紅的臉頰輕輕地掀起吻
吻，薄如妳喊過幾次又忘卻的我的名字
如五月死過又死過的櫻花
被陽光調得很稀的霧在早晨裡進來
在掉落地面之前我也曾劇烈的痛過
而每一個傷口都已成佛
悟了枯萎
其實永恆如花
於是，我在冷苔上獨坐

聽得見瀑布卻聽不見水聲
看見山，卻沒看見是誰的
嘆息，輕如誰的來去

春歌未了
我背起一片五色鳥迅速飛去的光影站起來
散步時，跨過前世
像是跨過跌倒時一個小小的擦痕

沒有櫻花的五月
我唱著歌回家，碰撞倒夏天以後返回的幾個單音
已經開始出發………

二〇〇一年《藍星》詩刊耶誕號

作者簡介

林怡翠，一九七六年生，台中人。台灣大學中文系、南華大學文學研究所畢業。現任《乾坤詩刊》主編。著有小說集《公主與公主的一千零一夜》（麥田）、詩集《被月光抓傷的背》（麥田）。

花甲白丁作品

孤山獨語

不怕風雨
不怕寒暑
更無懼孤寂　就怕
地龍　狂飆搖滾舞

天生我
無雄心壯志
無豪華圖謀
且恥於跟誰
爭長短
比高低

不羨慕掌聲風光
不眼紅紅塵美夢
不刻意調戲非我
不特別粉飾自己
但亦不希望有誰
以喝洋酒的眼色　來解讀
我揮汗灑淚的心酸與原意
祇求得目清
耳靜
心潔
平安
苦度
洪荒之前我是這樣期待著
萬古之後　諒亦很難改變

二〇〇一年《葡萄園》詩刊一五〇期

作者簡介

花甲白丁，本名虞登朝，又名雲子。一九二七年生，現為《葡萄園》、《大海洋》詩社同仁，中國詩歌藝術學會會員。幼年因家貧，僅讀過《百家性》一本書，未進過任何學校。現所有之知識，皆係自習而得。早年曾發表詩作於《野風》等刊物，一九六六年輟筆後，至九三年始重新創作。已出版詩集《淺淺的腳印》。

汪啟疆作品

月亮照著阿富汗土地和人民

爸爸。我關了CNN電視
戰爭要睡入地球一側的噩夢裡了
父親則示意我，出去
站在月亮下
看看自己位置。我左營的舊居院子
一株根很深的番石榴，扎深的
　　　　　　　　　是台灣啊
每和月亮一站就直到深夜的父親
吃得極少。那時候
月亮是餓得不作移動的負片，蹲下來陪同

吃得極少的父親保存一份記憶的新鮮照片，說
餓，可以記住連影子都飢餓的年代
—同思想太平洋末期戰爭

一九四三的左營老巷
—月光印成斑駁褪色照片的爸爸，不會瞭解
二〇〇一，陷在沙漠飢餓內
阿富汗難民和嬰孩，十二歲就是戰士
嬰孩，父親是不會瞭解，也不認識
被戰爭所咬嚼，連骨骸都
吞沒入CNN新聞照片的檔案。這些全屬於我了
（多壯觀而美，航母群承載了超重的月光
阿拉伯海拍掌。黑夜最末的咳嗽，是從
纏頭巾下的鬍髭，沒有月亮的地方
傳染出來……。）

月亮將是唯一獨瞳的見證者，在
一個國家，陌生的、瘠地上。是與非難以
抉擇的火線，誰燃的
回家，在門鑰下鎖聲響的剎那，飢餓隨
月亮跟著進來。問我睡入哪一間噩夢，且

陪我觀看照片都老了的父親
左營有太多時間棲息的瘦的光紋
父親的姿勢不變
我，被月亮繞室的步履，吵得
一直翻側

不是所有土地都毗連了全地球原鄉的飢餓嗎

但歷史是這樣安靜，番石榴這麼安靜
父親整夜，似乎一直都沒説什麼

二〇〇一年十月二十五日《聯合報》副刊

作者簡介

汪啟疆，基督徒，一九四四年生，湖北漢口人。海軍官校、三軍大學，戰爭學院畢業。曾任海軍指參學院院長、反潛航空指揮部指揮官。二〇〇〇年四月於海軍中將退役。著有詩集《夢中之河》、《海洋姓氏》、《海上的狩獵季節》、《藍色水手》、《人魚海岸》、《到大海去啊，孩子》等多種。

沙穗作品

囚糧
——瓶中人系列

米煮成飯
所受的煎熬　還有水知道
嚥下的粥
被稱作囚糧　卻是說不出的滋味

每一碗飯　都夾著顆顆粒粒的往事
每一碗粥　卻又讓記憶模糊
歲月是既單純又繁複
如同對妳的思念　想你　又怕
因為　飯已無法還原為米

水熬成湯
所受的撕裂　還有火知道
吞下的淚　看到的又是誰
是否　會回到眼睛　是否
也算是一種囚糧

二〇〇一年《笠》詩刊二二四期

作者簡介

沙穗，本名黃志廣。廣東省東莞縣人，一九四八年九月三十日生於上海市。現任台灣高雄監獄政風室主任。著有詩集《風砂》、《燕姬》、《護城河》、《來生》「沙穗短詩選」（中英對照版）。散文集《小蝶》、《歸宿》等。一九八四年曾以《失業》、《獻給父親的詩》系列等獲「創世紀詩刊三十週年創作獎」。作品曾被選入多種詩集，並翻譯成多國文字。

李政乃作品

掬夢詩在秋

太多的嗜好令人迷惑
盜壘不及的畫筆
早被萬卷詩潮淹沒
有取無捨都是它
心中沒有苦憂

如日住虛空
我已習慣這樣的生活
佛經已久掩
風清　心閒　人倚樹　樹倚天
夢來秋風剪　滿庭詩篇　墜詩如墜葉

二〇〇一年《乾坤》詩刊十七期

作者簡介

李政乃，筆名白珩，一九三四年生。台灣新竹人。曾任國小教師、主任。
一九八四年出版詩集《千羽是詩》。
一九五二年五月至一九六二年五月的十年間，經常有作品散見於自由青年、新詩週刊、現代詩、聯合副刊、青潮、藍星週刊、創世紀、婦女月刊、中華副刊等報刊。後因工作繁重、停筆多年。一九八一年再度操觚，偶爾又再見她發表的新作。

向明作品

第一次吃到自己手抓的魚

第一次吃到自己手抓的魚
這才發現
活著真辛苦，捕詩難於捕魚
聶魯達寫了一輩子的詩
最後卻說
我是寫詩很久以後
才知道我寫的是詩
下之琳寫到後來也說
我寫的詩中

找不到一個詩字

他們都很謙虛，卻也不智
不知道魚有時也要睡覺
也會老邁昏庸
而詩總是滑溜勝過任何一條魚

難怪，魚市總是不會缺魚
而書肆
遍尋找不到詩

二〇〇一年九月八日《聯合報》副刊

作者簡介

向明，本名董平，一九二八年年生，湖南長沙人。軍事科技校畢業。藍星詩社同仁，台灣詩學季刊創始人之一，曾任藍星詩刊煮編及台灣詩學季刊社社長。著有詩集《雨天詩》、《狼煙》、《青春的臉》、《水的回想》、《隨身的糾纏》、《向名自選集》。童詩集《螢火蟲》，詩話集《客子光陰詩卷裡》、《新詩一百問》及散文、童話集等。編選有《可愛小詩選》及七十三年、七十九年、八十一年度詩選。曾獲文協文藝獎章、中山文藝獎、國家文藝獎。世界藝術與文化學院授予文學博士學位。

台客作品

九一一襲美事件

四百年前的預言實現
兩兄弟同時罹難
濃濃黑煙中，撒旦
露出了邪惡面孔

舉世無匹的巨人
也有腳後跟罩門
和平大鳥變成炸彈
炸開了第一場戰爭

戰爭　似人間車禍
總是一再發生

和平 如天上寒星
永遠閃爍不明

二〇〇一年十二月新加坡《赤道風》季刊

作者簡介

台客，本名廖振卿，一九五一年生，台灣省台北縣人，國立成功大學外文系畢業，現為《葡萄園》詩刊主編，中國詩歌藝術學會理事。已初版詩集《見震九二一》、《發現之旅》、《台客短詩選》等八部，主編台灣九二一大地震詩選集《百年震撼》及葡萄園四十週年詩選《不惑之歌》二部。曾獲頌詩運獎、編輯獎等四次。

白靈作品

聞慰安婦自願說

森林自願著火
好讓閃電抽亮它的鞭子
房子自動搖晃
方便地牛打哈欠
肉體自己打開傷口
因為子彈要路過
頭顱有機會掉落
全因武士刀銳利的仁慈

所有的番薯都剝光了自己
躺滿島上，說：
「來吧，歷史，踩爛我
讓我好好地愛你們的腳跡！」

二〇〇一年三月十日《聯合報》副刊

作者簡介

白靈，本名莊祖煌，一九五一年出生，福建惠安人。美國紐澤西州史蒂文生理工學院化工碩士，現任台北科技大學副教授，《台灣詩學》季刊、《葡萄園》詩刊編委。著有詩集《後裔》、《大黃河》、《沒有一朵云需要國界》、《妖怪的本事》、《白靈•世紀詩選》。散文集《給夢一把梯子》、詩論集《一首詩的誕生》、《煙火與噴泉》等多種。

文曉村作品

我的山水

它是晨間的歌鳥
歌唱彎彎的小河
小河彎彎
它是歌鳥的晨間

它是童年的風箏
風向藍藍的天空
天空藍藍
它是風箏的童年

它是近晚的搖船

搖動冉冉的炊煙
炊煙冉冉
它是搖船的近晚

它是夢幻的燈盞
燈亮點點的星光
星光點點
它是燈盞的夢幻

二00一年《葡萄園》詩刊一五0期

終點

有一條路
指向遙遠的終點
有人說那是北京
有人說那是華盛頓

有人說那是高山的頂峰
有人說那是大海的彼岸
到底在那裡
我不知道

今晚
我遠遊歸來
妻給我端來一碗熱湯
我忽然發覺
終點　其實
就在自己的家裡

二〇〇一年十一月二十五日《聯合報》副刊

作者簡介

文曉村，河南偃師人，一九二八年生，台灣師範大學國文系畢業。美國加州世界藝術文化學院榮譽文學博士。曾任《葡萄園》詩刊主編、社長、發行人，中國詩歌藝術學會創會理事長，現任《葡萄園》詩刊名譽社長，中國詩歌藝術學會名譽理事長，中國作家協會、新詩學會理事，世界華文詩人協會常務理事。著有詩集《第八根琴弦》、《一盞小燈》、《九卷一百首》，評論集《新詩評析一百首》、《橫看成嶺側成峰》，及《文曉村自傳，從河洛到台灣》等十多多種。

文林作品

永遠的古丁

一行行的詩句
像珠簾
透出詩人的身影

耳邊傳來幾波吟詠
是珠粒的碰擊
還是那身影的鳴聲

還有一絲絲
從一筆一畫間滲出
比醇酒更有經驗的濃郁
比哲人更有靈感的領悟

似有若無的感覺
總是美妙
總是短暫
卻是永遠讓人難忘
因為他的名字
就叫古丁

二〇〇一年《秋水》詩刊一〇八期

春盼

貼上春聯
風依然刺鼻
吃完春捲
寒氣仍在身後
鬧過春酒

暖流猶在未知數

春神該如何請
像接財神
或是像迎灶君

還是桃花技術好
蹦出了青春
又喚來了春神

二〇〇一年《葡萄園》詩刊一四九期

真是有緣

一顆水珠
睡在雲裡
掃過山頭

粘在樹頂

一陣大雨
帶著水珠
衝向山底
漂進河裡

水珠醒來
飛入空中
又睡在雲裡
又掃過那座山頭
又粘在那顆樹頂

二〇〇一年《葡萄園》詩刊一五〇期

月球歸來

月球的路還沒鋪好
就開放觀光
聽說是交通部的主意
想綁旅行社的樁

風景像岡山的月世界
路面卻比佳樂水還糟
太空車雖是名牌賓士
避震器也吃它不消

鈦金屬的桂樹
倚著第五元素的大斧
搗藥廠改裝的夜總會
玉兔扮辣妹大跳艷舞

嫦娥已不知去向
仙姿只見於蠟像館裡

門前收票竟是吳剛
見到同胞興奮不已

回程遇見鄰居老太
勸他等完工再來
換來神秘一笑
說是里長免費招待

二〇〇一年《葡萄園》一五二期

環保詩組

都市綠化了

灰色的城市忽然變綠了
怎麼沒人修剪
原來是塑膠草皮．

同歸於死

工業化的黃海叫紅海
工業化的紅海叫黑海
最後　它們都叫死海

淡水不淡

淡水河要換招牌了
改濁水溪比較本土
叫黑龍江更為傳神

二〇〇一年 FROGPOND XXIV：1期

作者簡介

林文俊，筆名文林。政大畢業。密西根州立大學教育碩士。曾任教美國明德大學、史丹佛大學、及師範大學。現從事英語教學及民俗之推廣與研究。

其原習古典文學，五年前，蒙劉菲、瘂弦、一信、向明、綠蒂、蕭蕭、大蒙諸前輩大師啟蒙，初學新詩。後有幸加入新詩學會、詩歌藝術學會、三月詩會、葡萄園等團體，獲更多先進指導。似略有心得。已將其列為終身學習之目標。

王祿松作品

天縱（朗誦詩）

英姿挺秀
朗麗星月
氣象高華
排奡風雲
你掌心群嶽並峙
指縫間眾瀆淵渟
動腕處
行見怒水翻冰，狂飆裂石，雲峰聳崛
展足時
惟令高山稽首，岡陵屈膝，去路遙深

五千年輝煌作為
映耀千年日月
九萬里健步奔邁
震懾地視天聽
是燃燒的心聲
燙血的召喚
引爆震世雄行
起落霞為壯麗日出
蜕子夜為再生黎明
長嘯破磐石
呼吸走風霆
啊，你來自古早的漠畿禹甸
開啓億載的山河歲月
你去向蒼茫的玄黃天壤
鑿空無際的星宿光年

鍊肝膽陶鑄人魂
舉傲骨高擎日天
飛華采於永極
控列宿在肘邊
任霖雨在膝下斟注
雲彩在胸際掀騰
你吞吐今古，往還宇宙
迎向那纍纍大劫身相敵
經歷那茫茫血海浪翻旋
你的道，曦朗月白
你的統，海宴河清
你的展望
天高地迥
你的意態
慈惻莊嚴

滾沸熱血心頭
九萬里冰河溶翠
閑定盼兮美目
八億載頑石成瑛
是垂天翼，不作近飛
是萬鈞鐘，不為細鳴
排浪之鯨，不涉澗曲
行空天馬，不顧欄屏
血淚汗，拍醒了新生命
大旗風，刮起了異軍聲
志高劍吞月
膽壯血溶冰
搓風飆，揉霹靂
山河帶礪固天年
霜雪膏消
蒼精啓節

雲龍風虎精神現

●

我知道，你是誰
你不是任何一個朝代
也不是任何一個政權
而是一個道統，一個國魂
懿德動天皋
雄才邁古今
強健高雅真善美
天縱英特莫如京
日月雙臨照
聲華麗汗青
千秋萬世
放，光，明

二〇〇一年十一月三十日《日日新報》副刊

作者簡介

王祿松，一九三二年五月十六日生，海南文昌人。詩詞音樂，得自母教，文章書法演講術，得自父教。十四歲獲畫獎，十九歲論文全軍第一名，二十歲寫詩當日記。美國世界藝術文化學院榮譽文學博士。曾任國防部新聞官、月刊主編。榮獲中山文藝獎，國家文藝獎，金像獎、金筆獎等四十八次獎，繪畫曾獲國際性獎鼎，獎牌，獎章等。致力詩文藝術五十餘年，出版作品二十九部，舉行畫展三十九次。詩畫創作多獨創技法，是國內獲致藝文獎勵較多的詩人畫家，授畫教詩，子弟中頗多傑士。

王幻作品

北門

依然未改
古色古香的原貌
立於台北一隅
立成一座感嘆的滄桑

從光復年代
一路冷眼的看過來
台北城頭幾經易幟
多少風雲人物
消失在門外之外

北門是

碩果僅存的一代古蹟
比起它的同胞兄弟
〈東門南門及西門〉
遭到支解的命運
乃不幸中之大幸

如今經歷世變的北門
佝僂著身軀
蹲在高架橋梁之下
沒有人注視
它的生老病死

二〇〇一年三月十五日《世界論報》副刊

作者簡介

王幻本名王家文。一九二七年生，山東省蓬萊縣人。美國世界文化學院榮譽文學博士。《桂冠詩刊》、《中國詩刊》創辦人兼社長。著有詩集《情塚》、《時光之旅》、《秋楓吟》及其他文集《鄭板橋評傳》、《楊州八怪畫傳》、《黛眉小傳》、《屈原與離騷》、《盲吟集》、《晚吟樓詩文集》、《戚繼光史話》等多種。

方心豫作品

木棉花

春寒後淒切的雨季
總是在光禿禿的枝枒
杵在空曠的
天空　綻放的木棉花卻
騷著艷紅，在枝頭
擠眉弄眼

蔚成鬧春的模樣　隨著
拆除中廣大樓的機器聲
顫動著　早將萬丈豪情付於
梅雨　看花開花謝

而乏鳥問津的樹枒　更顯
空虛孤寂
真會樹倒猢猻散

不會。是風吹枯落葉
只恨冬天留不住
陽光　遲遲的日影搖曳地
橫過另一個溽濕的天空
更顯木棉花的傲骨風範
堅不凋零的

生機　以盛開之姿
鋪滿一地朵朵紅艷
像唱了幾十年再造的
老調　沉靜在
冷冷濕地上　望著一些嫩葉

兜售重生

真的枯木會逢春

必然。綻放的木棉花不也
竄在冬後的枝頭
就把灰濛濛的天空解凍
撐起蕩漾的
春　迎風守住
在杵立與竄起之間牽動
一串

真情。總歸艷紅終是一種氣息
無論在枝頭或在濕地
依然以一身的風霜
打點出木棉樹白色飛絮的日子
隨雲飄盪　見證再生

在我心頭撒出滿天樸實
依舊燦爛

二〇〇一年《葡萄園》詩刊一五〇期

作者簡介

方心豫，安徽壽縣人氏，生於民國二十七年戰亂的河南潢川市，屬於三年級的老生年代，能在中國最貧窮、也是全國抗戰興起的逃難歲月中，存活下來，實感戴父母之照護，也培育出對現實的敏銳感，奠定了寫詩的基礎，來台後於初中時代受教於紀弦老師，開始詩的創作，活躍於六〇年代，擅朗誦詩，八〇年代移居美國後，致力於僑校新詩的教學，近年來始返國，少有創作，成為詩壇逃兵。

大蒙作品

生日・在雨晨

妻子久病不癒，近又遭逢橫逆，整日黯然不語。今贈我生日卡片，謝我一生與她共度難關，讀後不禁淚下

妳我一夜間老去
淅瀝的雨聲敲門
我去翻薄薄的日曆

看！
落葉是憂傷的蝴蝶
睡著溼冷的新泥
記得不？那細嫩嫩的春芽

在蝶翅上不留痕跡
很久不敢接受春天邀舞
隱約聽見呼喊
自流不動的光陰
一陣驚狂　將眼淚跌碎
妳凝住漆黑的眼瞳
哭出滾燙的墨水
病貓一樣慵懶
生命依然在怨艾中跑完
唯我們痴傻的愛情
仍然每一天滌洗
每一天晾乾
難關　當然是永遠的存在

唯恐等不及
來日在天堂裸體相遇
擁妳
淋一場彩色的雨

二〇〇一年《乾坤》詩刊十九期

作者簡介

大蒙，本名王英生，籍貫浙江省義烏市，一九四八年出生於北平。畢業於政戰學校影劇系。

從事平面設計及商業攝影工作，為大蒙工作室負責人。作品尚未結集。

曾獲中國時報新詩評審獎，新詩學會優秀青年詩人獎。

子建作品

游泳五式

自由式

說有多自由
我才不信
還不是一樣被關在水裡

仰式

眼光翹得老高
看得到嗎
另一個世界

蝶式

不要再學那些華而不實的技巧啦
這城市游得快才是重點

蛙式

肚子夠大嗎
還是別模仿吧
更甭提吹牛了

狗爬式

為了生活
不管多醜的姿勢
還是得爬

二〇〇一年《乾坤》詩刊十七期

作者簡介

甘子建，筆名子建。詩作見於各大報章雜誌。得過幾個獎，並入選過數種詩選集。但那些都不是重點，重點是我寫詩，並且我愛。

丁文智作品

浪說

我們選擇鼓勇
是讓短暫生命有高潮
走出平淡
就不塗脂抹粉
不趕時髦和風尚

我們只管手牽手
心連心
路跟著路
我們追逐著我們

而向前奔赴的意念
不因終歸撞碎
稍遲疑

二〇〇一年二月六日《青年日報》副刊

作者簡介

丁文智，山東諸城人，一九三〇年生，省立師範畢，早年曾加盟紀弦的「現代派」，現為「創世紀」、「乾坤」詩刊同仁。

作品包括詩、散文、小說。出版有長短篇小說十餘種，詩：葉子與茶如是說，丁文智中英對照短詩選，詩散文合集「一盆小小月季」等。

一信作品

老兵悲冬

冬天　老漢子單身風中站立
嘴裡吞風　眼中飄雪
凜寒從腳底的路走上多皺紋之額

深冬　老漢子孤身走來
空無所有的手想在寂寥中抓住點什麼
且用脈管測試社會溫度及自己鬱卒量

寒冬　老漢子返身疾奔
踩著自身皺紋上的痛　家族缺血之傷
想從起點上用鹹苦的血汗買回些尊嚴

酷冬裡　那老漢子終裸身而去
什麼不要什麼不管卻仍然不自己
祇牘咬緊的牙不停地切齒

二〇〇一年《乾坤》詩刊十八期

作者簡介

一信，本名徐榮慶，一九三三年生，漢口市人，曾任公營事業單位課長、專員、副經理。著有詩集《夜快車》、《時間》、《牧野的漢子》、《婚姻有哭有笑有車子》、《一信詩選》、《一隻鳥在想方向》、《一信短詩選》；另有交通安全叢書集專題研究十餘種。曾主編十餘種刊物。曾獲全國青年學藝競賽新詩獎、詩運獎、詩教獎、中國文藝協會文藝獎章詩歌獎、中國詩歌藝術學會詩歌創作獎等，現為新詩學會常務理事、中國文藝協會及中國詩歌藝術學會理事。

二〇〇二年版

大陸之卷

詩作三九家

樹才作品

風把陽光

風把陽光撒得滿地都是
一群樹葉和另一群在吵嘴
你聽不出哪一群更有道理

一棵樹的激動是飽滿的
但陽光把樹葉揉成了碎影
你在樹下走，你也是碎的

風播放著也減弱著風中的
噪音：沖擊鈷的磨牙
越來越讓人受不了

公共汽車哼哼著漸漸遠去
風的沙沙聲和樹頂的颯颯聲
吹送著跌跌撞撞的兒童

滿地的陽光撥弄著青草
因為草尖在不住地搖晃
連垃圾桶也感到了溫暖

瞧一位老人在垃圾裡找吃的
這是陽光也無法解決的不公正
我悲戚的心湧上一陣陣羞愧

風把陽光撒得滿地都是
我和很多人一起，走在
心事不同的同一條路上

二〇〇一年《詩潮》一、二月號

作者簡介

樹才，一九六五年三月生于浙江奉化。一九八七年畢業于北京外國語學院。一九九〇年至一九九一年在中國塞內加爾使館任外交官。二〇〇〇年調入中國社會科學院外文所。出版詩集《單獨者》，隨筆集《窺》。

黎煥頤作品

答友人

——辛巳年正月初四得西寧友人拜年電話

………是的，我怎敢忘
二十年獨坐崑崙菩提樹
莽崑崙風雪鬚眉如堅
而我以如豎的鬚眉
跨在世界屋脊的脊骨之上
蒼茫四顧：
幾萬里路風和雪
幾千年功名塵與土
億萬人的痛苦和幸福
天堂兮九層，地獄兮十八
可與周天同一個寒暑

可與江河奔流同一系數
我的珠穆朗瑪呀
可是我們民族
肝膽燭天的高度
可是西王母留給
大千世界的信念物
可是大千世界
歷盡劫天無數
把珠穆朗瑪權充你我
人生的菩提樹
呵！肝膽燭天
呵！風霜鋪路
堯舜禹湯文武的
漢家陵闕，廢墟古渡
大忠大奸，大禍大福
大善大慈，大榮大辱
勿須考古者的考證發掘

也勿須遠山近水從頭細數
此刻，全都伴著新世紀的春雨
化為我大口大口的歷史反芻
倚天抽劍切崑崙嗎
不！滿天的星斗，猶如
我們民族五千年來
充滿智慧的顆顆頭顱
于是，我隨著漫天的飛雪
一片冰心把玉壺

二〇〇一年《銀河系》詩刊十二月號

作者簡介

黎煥頤，一九三〇年農曆二月三十日生於貴州省遵義縣沙灘的一個書香人家。現已退休定居上海。是中國作家協會會員，中國詩歌學會理事。五十年代即致力於詩的創作，五十七年至七十八年沉默二十二年。七十九年開始‖即中國共產黨三中全會之後又得到筆遺春溫。出版的詩集有《遲來的愛情》、《在歷史的風雪線上》、《黎煥頤抒情詩選》、《黎煥頤自選集》和即將出版的《黎煥頤詩選》等十多部詩集。曾是文學報副刊和《中國詩人叢刊》的主編。

鄭子連作品

陽光

陽光是一種心情，它讓我走進晨風裡
讓我舒展，讓我愉快，讓我年輕
讓我面帶微笑，以初戀的眼神回眸

陽光是一種呼喚，它讓我走著走著
就奔跑起來。它讓我吶喊，讓我尖叫
讓我張開雙臂
尋找一種飛翔或者擁抱

陽光是一種胸懷和心跳
它讓我擁有和吸納地平線上的坦蕩

天際中的空闊，視野裡的曠大
它讓我上升，不停地上升

直至融化為一片高遠的藍
它讓我感到自己在生長
在不斷地偉岸和英俊
讓我的血流加快
陡然間變得剛直和強壯

陽光還是一盞另類的礦燈
讓我戴在頭頂，穿過一生一世
在內心深處
！為我愛的人挖煤……

二〇〇一年《詩潮》七、八月號

作者簡介

鄭子連，一九六五年生。著有詩集：《北方抒情詩》、《送你一個秋》、《紅色方式》。現為遼寧省作家協會會員，遼寧省新詩學會理事。現在沈陽鐵路局工作。

劉松林作品

豆蔻梢頭二月初

那婀娜在初春的枝頭的詞兒
可是一盞燈
照亮你情采四濺的才華
那閃著曙光的詩一般的身段
可是一滴露
映射你生命的朝陽

踏波而來的知音
穿越萬重高山
七弦琴上　摘心的柔指
牽出銷魂的流水

等瘦佳期的嬌娘
舉世無雙
難怪十里揚州被他瀟灑成
一曲人見人愛的千古絕唱
十年一覺
誰的好夢炸碎了良宵

二〇〇一年《綠風》詩刊四月號

作者簡介

劉松林，一九四一年生，湖北公安人，祖籍湖南望城。曾任中學校長，現任中學教師。中國詩歌學會會員、湖北省作家協會會員。著有詩集《醉舞星河》。作品入選《中國詩歌選》一九九五年版、一九九七年版、《中國詩歌年鑒》一九九四年卷和《綠風詩刊百期集萃》等多種選本。曾獲《人民文學》首屆「風流」杯獎等多項詩獎。

趙麗華作品

我已經逐漸忘了我自己

我已經逐漸忘了我自己
我應該為我已有的一切而哭
還是為遠離而去的一切而笑

我們逐漸變成了常人
清高開始變得和平
任性開始變得隱忍

以前的情敵已變為朋友，以前的
朋友在年深日久的
歲月裡變得更加相知

生活這條順流而下的河水
它自願流著
就要把我們統統帶走
而且還要把我們擱置在
它隨意擱置的地方

二〇〇一年《詩潮》五、六月號

作者簡介

趙麗華，女，一九六四年生，供職於河北廊坊市圖書館，二級作家，著有《趙麗華詩選》等著作，河北省作家協會會員。

葛乃福作品

看海

海，牽著陸地的手
像孩童
怕在繁華中走失

海，擁抱著陸地
像孩童
偎在母懷永不分離

海，一排排白浪
像孩童
一聲聲稚氣的呼喚

海，蔚藍蔚藍的海
沉靜的外表
熾熱的情懷

二〇〇一年《星光》雜誌四期

作者簡介

葛乃福，筆名江鴻，男，一九四〇年三月生。江蘇江都市人，復旦大學畢業，現任該大學中文系教授，著有文學評論集《世紀之交的回眸》、詩集《春天的色彩》、有四篇詩文在國內外獲獎。

屠岸作品

鹿回頭

阿丹早年失去了父親
跟母親相依為命
母親病重，奄奄一息
巫師說只有鹿茸能救命
少年獵手拿著弓箭
走向山野，走向原始森林
踏遍山梁，涉遍溪澗
始終沒有發現獵物
忽然，一隻梅花鹿出現
阿丹立即拿起弓箭
年幼的牝鹿四蹄騰空，愴惶逃逸

獵手救母心切，緊緊追趕
梅花鹿奔躍如飛
阿丹窮追不捨
躍過九十九條溪
越過九十九座山
梅花鹿奔到山崖盡頭
前面市茫茫大海
退路在哪裡
勝券在握的獵手挽弓搭箭
梅花鹿驀地回頭
一雙鹿眼悲傷地望著阿丹
晶亮的眼睛裡流下兩行淚水
救母？放生？一剎那間
獵人的兩手猛烈地痙攣

二〇〇一年《乾坤》詩刊二十期

作者簡介

屠岸，一九二三年十一月生，江蘇常州人。早年就讀於上海交通大學鐵道管理系。曾任人民文學出版社總編輯。現為中國作家協會全國委員會名譽委員、中國詩歌學會副會長、《當代》文學雙月刊顧問。

著有《萱蔭閣詩抄》、《屠岸十四行詩》、《屠岸詩選》。譯著有惠特曼詩集《鼓聲》、《莎士比亞十四行詩集》、南斯拉夫劇作家努西奇的諷刺喜劇《大臣夫人》、斯蒂文森的兒童詩集《一個孩子的詩園》（與方谷繡合譯）、《英美著名兒童一百首》、《謎人的春光——英國抒情詩選》（與卞之琳等合譯）、《濟慈詩選》等。

傅天琳作品

重慶

這城市從浪花中歸來
站在江邊，舉一盞燈
嵌進石壁的川江號子
留下歷代縴夫的身影

樹在橋頭，樓在雲端
這城市坡陡路不平
上完九樓又下十八梯
不見一滴自行車鈴聲

有一位書記來過

有一位總理來過
有一群不屈的魂
以血和岩石的吟誦
塑立這城市新的姿態
新的精神

常年爬山，巴人的后代
腿腳特別粗，特別壯
汗水特別鹹，特別硬
特別能吃苦，吃辣
常年掩在霧中
特別珍惜有陽光的早晨

穿過冬至，小草已經起步
春天和機遇就在山頂
心中愛著，我才成為
被激情灼熱的花枝

成為這城市
幸運的公民

二〇〇一年《銀河系》詩刊三四期

作者簡介

傅天琳，一九四六年生，四川資中人，重慶電力技術學校畢業。一九八〇年調入重慶市北碚區文化館文學幹部；一九八二年至今為重慶出版社編輯、文藝編輯室主任。一級作家、編審，並為重慶市作協副主席。作品曾獲全國優秀詩歌獎、全國首屆優秀詩集獎等。著有散文集《往事不落葉》，詩集《綠色的音符》、《在孩子和世界之間》、《音樂島》。《紅草莓》、《太陽的情人》、《另外的預言》、《結束與誕生》等多種。

黃東成作品

寂寞中反思

石人石馬石翁仲
繁鬧中忍耐著寂寞
寂寞中反思
虔誠的恭立緣于麻木

木木地站了千百年
沉沉一夢南柯
一只小鳥落在肩頭
發問：你在守望什麼

二〇〇一年《揚子江》詩刊二期

作者簡介

黃東成，一九三五年二月出生於江蘇省南通市。中國作家協會會員。中國鄉土詩人協會副會長。世界華人詩人協會創會理事《揚子江詩刊》負責人、編審。自一九五八年起出版的詩集有《花魂吟》、《香港多稜鏡》、《黃東成抒情詩》、《山魂》、《長詩》、《南方南方》等十餘部。有詩作被譯成英文和法文。名字被列入十餘部辭書。

野川作品

佇立秋風的人

把果實收藏，把落葉
送回遙遠的家鄉
佇立秋風的人，神態安詳
硬朗的身子在暗夜閃光

雞在糧倉的門口爭搶谷粒
牛在幽暗的棚裡獨自療傷
佇立秋風的人，在後山的黑暗裡
把塵封多年的牛角吹響

除了星星，除了月光

除了產後寧靜的土地
誰也不會來到這裡
傾聽，一個人鬱積的夢想
佇立秋風，前面是夜色迷離
後面是萬家燈火。一個人孤獨
如一個無人問津的春天
花開花落，芳香四漾
誰也不會來到這裡
和他一樣，讓秋風吹落身上
最後的葉子，無牽無掛
消失于風雪的蒼茫

二〇〇一年《綠風》詩刊四期

作者簡介

野川，本名王開金，一九六七年十二月出生于四川省三台縣。一九八七年開始詩歌創作，在《人民文學》、《詩刊》、《詩選刊》、《星星詩刊》、《詩林》、《詩歌月刊》、《綠風》、《詩潮》《青年文學》、《山花》等全國六十餘種刊物發表過詩作四百餘首。作品入選《中國最佳詩歌》、《中國詩歌精選》等二十多種選本。出過詩集《天堂的金菊》、《堅硬的血》。係四川省作家協會會員，三台縣文連主席。

張洪波作品

稻草人的燃燒

假的頭顱假的手腳
都輕飄飄地
從自己翅膀的縫隙裡飛出
稻草人正被平淡地燒掉
體內沒有堅硬的骨骼
沒有消化系統以及食物
所以
燃燒起來的不是火焰而是煙霧
燃燒的音響也是那麼微妙

竊竊地
讓人感到了一個陰謀家在低語
稻草人燃出一縷縷恍惚的神情
是那樣的有氣無力
偽裝的一生
最終也竄不出個像樣的火苗

二〇〇一年《中國詩人》春之卷

作者簡介

張洪波，男，漢族，生於一九五六年九月，著有詩集《我們的森林》、《微現抒情詩》、《黑珊瑚》、《獨旅》等。現任職於《詩刊》。中國作家協會會員。

張凌波作品

沙海木船

木船突現在沙海上
當風退去，他坐在沙海柔和嬌媚的波線上
那單純的綠色
彷彿一個綠洲的笑臉
你什麼時候來到這裡
為什麼來到沙海
從何處來，往何處去
是啓航還是歸航
是出使還是來使

是慈航普度還是天涯孤旅
你屬於過去，還是未來
在金色柔和的沙線上
一條木船劈開
站成一排高大的綠樹

二〇〇一年《綠風》詩刊一期

作者簡介

張凌波，男，一九六四年十二月生，畢業于上海復旦大學經濟系，中國詩歌學會會員，業餘從事詩歌創作二十年，曾在《綠風》、《山東文學》、《時代文學》、《黃河詩報》、《新國風》、《齊魯晚報》、《台灣詩學季刊》、台灣《世界日報》等報刊發表詩作百餘首。曾從事金融工作十五年，現任建設銀行濟南市珍珠泉支行副行長

張燁作品

站在挪威的山坡上

站在挪威的山坡上
雪氣昇騰，點點滴滴，在陽光下面
凝成鉑金
北歐的風在空谷運送雪花
na wei, na wei 地回響
所有小草都笑著搖頭：風先生
他今天怎麼啦？唸錯了字
一陣顫慄，我快樂地大喊
na wei, na wei
喊聲朝向異國的雪谷，還是
故鄉的山坡，薔薇的火焰

四十年前。江南。靜靜的村莊
羊群把柔軟的鄉音鋪在山坡
薔薇染紅了鄉音
孩子們圍著一幅地圖做遊戲
地理女教師讓我們挨個蒙上眼
地圖會感應，她說，手指落點
波浪流到遠處就平靜了

四十年後。上海。夢樓
一個難逢的詞，鑽進信箱
捏緊它，讓湯熱的筆劃灼痛我的手
機遇這個詞究竟是偶然還是必然
它喚醒了等待，也喚醒了夢幻
它會使人變得永遠年輕

頭一回出國
站在挪威的山坡上

驀然回首
童年的風向我吹來
na wei, na wei 地飄響
薔薇之頰在眼前簇擁浮泛
天地間，什麼樣的神秘瀰漫著我
女教師的笑容是家門口柔麗的水波
孩子們小小的手指是一跟跟水蔥
氣勢卻是一道道神光
站在挪威的山坡上
風很冷，但更熱，裹緊我，飄響
na wei, na wei na wei
就是將來你會去的國度
將靈魂、祈禱凝聚指端
心在指尖上跳
在世界上空，飄
它驅使我的夢降落在一個叫「緣」的地方
na wei, na wei

祝你夢想成真
那一朵朵開在喧笑裡仙童的薔薇之頰
使我激動不已
年輕的女教師笑彎了腰
這個挪字呀，不讀 na，讀 nuo
在我把琵琶彈響瞬間
琵琶變成了飛機，向村莊駛來
山妖們從機艙首向召喚

等待與夢幻漸漸淡忘
淡忘在不斷拔節的年齡中
青春一觸及秋風就黯淡了

二〇〇一年《葡萄園》詩刊一五〇期

作者簡介

張燁，筆名一夢，一九四八年生於上海，原籍浙江奉化。中國作家協會會員，中國詩歌學會理事，現任上海大學副教授。部分作品被譯介成英、法、日、德、越南語等等多種語言。詩壇評[illegible]其作品的理論文章近五十餘篇。出版有散文集《孤獨是一支天籟》，詩集《詩人之戀》、《彩色世界》、《綠色皇冠》、《張燁集——生命路上的歌》等多種。

張捷作品

白紙無心

一張白紙
像一顆潔白的心
在陽光下鋪開身體
迎接詩歌和情人
然而帶血的詞語
隱藏在虛假的文明中
好人淚流滿面
歷史面目皆非
那支強暴的筆
是槍
紙無心骨

人有罪予紙
民歌民謠落紙上
是不相信紙的聲譽
但紙是悲憤的
在公正與邪惡之間
哭泣自己的單薄
紙被塗改時
忍受疼痛的蹂躪

二00一年《詩潮》五、六月號

作者簡介

張捷，一九三0年生，滿族。現係中國詩歌學會會員、遼寧新詩學會理事，省作協會員、本溪市作協秘書長。先後在《詩人》、《星星》、《詩潮》、《詩刊》等報刊發了四百多首詩。結集為《人生花雨》、《愛的風鈴》、《旋轉的命運》三部書。

郭貴勤作品

西安碑林

歷史　以立體的形象
站起來　與我對話

有稜有角的石碑
扶著有稜有角的思想

我在歷史的方陣中行走
一步　便跨越千年
文字的後面　顯現出聖賢的面孔
醒著的祖先　像我講述
歷史的終點

走出碑林　我才知道自己
是從歷史的傷口中
湧出來的　一滴血

二〇〇一年《乾坤》詩刊十七期

作者簡介

郭貴勤，安徽碭山人，一九五四年一月生。現在一企業任業務副主任，係安徽省硬筆書法家協會會員，碭山紅杏詩社社長。曾先後在大陸、台灣和香港等地數十家詩歌報刊及綜合性文學報刊上發表詩歌百餘首。十多次獲全國性詩歌獎，作品入選多種詩歌選本。

郭　茜作品

為你佇立

不是在海邊的岩石上
眺望你遠去的帆影
那有什麼用
遠去的終歸要遠去

不是在如水的月光下
吟哦你喜愛的唐詩
多麼的朦朧
詩也不過就是一種境界

不是在冷峭的峰頂

呼喚你閃亮的名字
回聲如何的悠遠
名字也只是一個記號

是在我醒著的夢裡
你如同一座孤傲的冰山
從極地的人群中
飄浮過來

為你佇立
卻不是等你

二００一年《綠風》詩刊四期

作者簡介

郭茜，一九七０年生于泉城，大學中文系畢業，現在某中學任教，係中國詩歌學會會員，濟南作家協會會員。曾在《海鷗》月刊、《綠風》詩刊、《詩人》詩刊、《詩與散文》雜誌，作家報，濟南日報，以及台灣《葡萄園》詩刊發表作品。獲《時代文學》青年詩歌優秀作品獎，作品被收入《濟南五十年文學作品選》、《綠風詩刊百期集萃》《當代詩人手稿集》。

孫鈿作品

夏梅

也曾風光冬春
何妨冷漠炎暑
萬曆年間有人
為你感嘆炎涼世態
二十一世紀有我
為你讚頌霜雪傲骨
秋風捎來紅葉詩情
你漸漸甦醒了
夢鄉中
我聞到你永遠的馨香

作者簡介

孫鈿（一九一七—）上海市人，中國作家協會浙江分會顧問，寧波市作家協會主席。二十世紀三十年代開始發表作品，著有《孫鈿詩文選》等多部，譯著有《日本當代詩選》等。

馬策作品

在燈光下睡到天亮

我感覺到瞌睡來了
把書反撲在一邊
我幾乎不能在書本的
某一頁摺疊一下
以免這小小的動作
驚醒了睡意
我已經完全進入半睡眠狀態
雖然燈還亮著
也不願去親撳一下開關
我這樣想著
啊我多麼幸福就要睡了

一個問題偏偏闖入思想領域
我堅持不予理會
用一連串粗重的鼾聲
莊嚴地驅趕一切可能的騷擾
結果就這樣一覺睡到天亮
燈光依然亮著
書本撲在枕邊
這一夜睡得很深
沒有做夢
啊我醒來了我多麼幸福
現在除了沒有睡意
我有足夠的精力和時間
去讀完這本書
并追憶昨晚的那個問題
讓它一點一點地
像燈光一樣明亮起來

二〇〇一年《詩朝》十一、十二月號

作者簡介

馬策，一九六六年生。著有詩集《詩歌點燈》。現居南昌。

俞強作品

自畫像

消瘦的我
隱居于臃腫的脂肪
肉體不可抑制地肥胖
裡面的我
卻越來越瘦

世界日益放鬆　膨脹
在與周圍融于一體的形象裡
一個消瘦的少年得憂鬱

有些孤僻

他拒絕和我
一個消瘦的少年憂鬱
在一個有些誇張的造型裡
抱頭痛哭

二〇〇一年《星星》詩刊五期

作者簡介

俞　強，男，一九六六年生於浙江慈溪，出生十二天被抱到農民家裡寄養，九歲才回到父母身邊讀書，是陽光、土地和乳母的愛把他餵養大。大專畢業。浙江省作家協會會員，慈溪市作家協會秘書長。現在某報社工作。作品散見於海內外文學報刊雜誌。詩作曾在《詩刊》等雜誌舉辦的大獎賽上獲獎，近三十次。並被選入《九三年中國詩歌年鑒》等二十種詩歌選本。個人經歷被編入《中國中青年詩人傳略》、《中國當代詩人大辭典》等辭書。

段焰作品

瞬間

一匹馬
山中行走
一條河
遠方流淌
一次雷擊
驚醒了世紀
一次瞬間
改變了我　還是改變了你

二〇〇一年《銀河系》詩刊三四、三五期

作者簡介

段焰，原名段燕，畢業于西南師範大學俄語系，重慶市作家協會會員，重慶新詩學會會員，曾在全國各報刊雜誌上發表詩歌、散文及雜文等。在重慶社會科學院從事研究工作多年，以後旅居俄羅斯，在莫斯科出版了歷史上第一本由中國人自寫自譯的俄文版詩集《小傘》，被《消息報》等俄國著名報刊在顯要位置上報道，受聯合國指導的俄國和平和解委員會向詩人頒發了「友誼桂冠」榮譽證書，充分肯定了段焰作為民間文化使者，為中俄文化交流作出了可貴貢獻。

東土作品

高原

高原是我的心
我願它永遠地出現在塵世之上
生命的高貴和短暫讓我如此齒寒

在高原的高處
只有像乳房的青苔
因為那下面有水
流過大地時哺育了塵世

可以摸到羽毛
羽毛上面是雲和變幻不定地天空

那些石頭會被賦予生命
會唱出歌謠

在我心上奔跑的生靈
他們都有親切的呼吸和心跳
可是他們和草一樣
所有的快樂
都在枯榮之間

能被我記住的
只有真實地生長

二〇〇一年《詩潮》七、八月號

作者簡介

東土，青年詩人，原名孫國良。著有詩集一部，發表詩歌若干。現居瀋陽。

孟凡果作品

外面在下雨

外面在下雨
我不想出門
我在屋子裡想著許多事情
你的日子
你所夢想的日子
不過是給滴水
可我卻傻等
等待雨停
這本身就是一種虛無
比如天晴
許多種聲音敲在窗子上

但不是你的聲音
肯定不是

二〇〇一年《詩林》一月號

作者簡介

孟凡果，筆名藍石，男，一九五七年生于哈爾濱市，曾在海內外許多期刊發表過小說，詩歌和話劇本。著有詩集《魚的秘密》。現為自由作家。

李小雨作品

台北故宮·白菜蛐蛐

于是那只在末代皇帝龍椅下的蛐蛐
輕輕一跳，就從宣統年間太和殿
跳過了窄窄的一彎海峽
跳到了台北這片相同模樣的宮殿
跳進了台北故宮的玻璃框裡
它蹲在了一棵白菜上——
翡翠的白菜，碧綠的江山
一片葉子背後隱藏了多少代歷史
它彈彈鬚子，歷史就這樣走過
石斧或者是原子彈
它又叫了一聲，還是地道的北京土話

它叫：二大爺！
誰知二大爺是滿腳爛泥還是頂帶花翎
它不停地叫
二大爺卻留在了永定門外的那片菜棚
或是午門的夕陽裡或是山海關外
再也沒有出來：：：

從此，凡有中國人的地方都有蛐蛐
白玉的，翡翠的，琉璃的
蛐蛐在叫
用它們各自以為聽得懂的方言
叫它們的寂寞，叫它們的哀傷
深深的，深深的
這叫聲，就都長著白菜一樣的根
台北的故宮，白菜蛐蛐
同一個民族的同樣的傷痛：：：

二〇〇一年《星星》詩刊一月號

作者簡介

李小雨，女，一九五一年十月生，河北省人。曾經下鄉插隊，後在鐵道兵任衛生員。一九七六年到《詩刊》社任編輯，現任副主編。北京大學中文系畢業。一九七二年開始寫詩，出版《雁翎歌》、《紅紗巾》、《東方之光》、《玫瑰谷》、《聲音的雕像》等六本詩集。曾獲第三屆全國優秀詩集獎。

李瑛作品

看彝族山民舞蹈

在山環的草地上
篝火和激情燃燒起來
飛蕩的銀鍊子閃著火光
懷裡的琴弦瘋狂了

他們找到了生命的表現形式
他們強調自己的存在
他們傾訴愛情和幻想
顯示出力量和質樸的美

山在他們粗獷的骨頭裡

水在他們古老的血裡
他們是山野的石頭和水花
呼嘯和腳步震顫了大地
香醇的酒斟滿牛角杯
流盼的眼睛溢出了幸福
馬櫻花和歌一起開放了
每隻靴子都迷失了路

二〇〇一年《揚子江》詩刊三期

作者簡介

李瑛，一九二六年十二月生于錦州。河北省豐潤縣人。北京大學文學院中文系畢業。讀中學時開始文學創作，發表作品。一九四四年與同學合出了第一本詩集，工作後始終堅持業餘創作，至今共出版長短詩集及詩論集共四十九種，有多部詩集獲獎。國內有多部研究他的詩作的理論專著和資料專集面世。他現任中國文學藝術界聯合會副主席，中國作家協會主席團委員，中國詩歌學會副會長，國際筆會中國中心理事，《詩刊》編委等職。

李英杰作品

山風

今夜我消失。山風披頭散髮
拿走了樹上所有的葉子

只有風。呵風的手
像一個貪婪的佔有者
鉆過籬笆從路上來到屋前
把所有的花裝進了夜的軟布口袋
所有的花。呵還有她手中的雙人車票
那奔馳的車輪搶走了我的情人

呵山風呵山風
把這驚慌的房屋
逃竄的路也拿走吧

沒有了房屋，沒有了路
我好上天去砍樹，去愛雲

二〇〇一年《詩林》二月號

作者簡介

李英杰，一九五九年十月二十九日生于哈爾濱河北省河間縣人。黑龍江省作家協會會員，世界華文詩人協會會員，近年來先後在海內外報刊發表過詩文，出版過個人詩集及多人詩合集。現在哈爾濱某工礦工作。

李琦作品

香水

香水是送給自己的禮物
我喜歡自己散發
這種樹林的氣息
香水瓶是深深的紫色
秀麗的外型
如一位古代的少女
懷抱久遠的浪漫和溫情
一萬朵花的靈魂棲息在裡面
這種氣息

和我的心事遙相呼應

深沉的夜裡
我與香水對望
它一語不發，如遙想前世
靜默中訴說一種資質和精神

一種風情如此深遠
真正的馨香
在它風神迷離之前
原來這樣安靜

二〇〇一年《北方文學》十月號

作者簡介

李　琦，一九五六年生，黑龍江哈爾濱人，哈爾濱師範大學中文系畢業，曾任大學講師、文學編輯、副主編，現為黑龍江文學院院長。為黑龍江作協全委會委員、主席團成員，一級作家。詩作品曾獲黑龍江文藝創作大獎及東北三省文學獎一等獎等。著有散文集《從前的布拉吉》，詩集《帆•桅杆》、《芬芳的六月》、《最初的天空》、《莫愁》、《天籟》、《守住你的夢的邊緣》等多種。

言木作品

老人與牛

老人的牙齒和玉米
是一種對比的手法
不遠處吃草的牛
是老人一生的意象

老人的煙鍋
升騰炊煙和收藏落日
牛的身後
是吃剩下的時光

夏天的一棵老柳樹

是老人和牛的一般對話
冬天影子擠在一起取暖
老人是一篇故事
牛是一首民歌

二〇〇一年《中國詩人》冬之卷

作者簡介

言　木，真名許　樹，一九三八年生於南京，一九六四年畢業於南京大學化學系，曾任中學教師，現已退休。江蘇省作家協會會員，作品散見於各報刊。退休後曾在《揚子江詩刊》任三年編輯。

沙　白作品

紅蜻蜓

飛走了
那隻紅蜻蜓
怕打擾睡蓮的夢
只在額角匆匆一吻
湖面漣漪迭生
再也無法平靜

二〇〇一年《中國詩人》夏之卷

作者簡介

沙　白，原名李　濤，一九二五年出生於江蘇如皋。一九四三年中學時代開始寫詩。

從事過新聞工作，曾任《萌芽》雜誌詩歌編輯。中國作家協會會員，江蘇省作家協會常務理事。先後出版詩集《杏花春雨江南》、《大江東去》、《南國小夜曲》、《沙白抒情短詩選》、《獨享寂寞》等。曾獲詩刊優秀作品獎，江蘇省創作獎，紫金山文學獎，作品被選入《中國新文學大系》等多種選本。

任桂秋作品

秋

金谷穗與香茉莉嫁接　紅石榴與蜜嫁接
寬大的螳螂足與河嫁接
秋的日子才剛剛開始

花瓶碎裂　空間無限而無垠
雲霧的節制造天堂的音樂　洗淨煙塵
筐沒有家　風沒有家
沒有家的太陌在髮束中　在蟲腹上
在芝麻的手指間　無憂而真誠

那些豪華與簡樸的婚禮紛紛升起

墓誌銘與柏樹隆起　爆裂或者平靜
甘蔗的甜漿換來苦孩子的笑
我們挑選寬廣的空氣　忘掉疲勞

碎花的軟被覆蓋我們　孔雀的心和膽
夜裡　灌漿的高粱與乳跌進世代的血泊
那黃燈光與灰鴿子的亮眼睛
農業　工業　商業　日與月排列的階梯
人類之外　無數神秘的星體
包藏我們同樣神秘的內心

如何解釋秋的象徵意義
如何解釋豐收與理性　自然與智慧
秋哦　麗日是你的女人
而跌落的天空
是我的　一片葉子

二〇〇一年《中國詩人》秋之卷

作者簡介

任秋桂，女，一九五七年農曆重陽出生於遼寧省錦縣。一九八二年一月畢業於遼寧大學中文系。畢業後分配至遼寧省政府機關工作。一九八六年夏調至中國刑事警察學院任教。現任中國刑事警察學院基礎部主任、教授。

成 堅作品

黃昏

那天　你沒有來
真的　可是
我聽見你的笑聲了
我還看見　晚風中
被浪花打濕的
一串腳印
追逐天邊　那一對
就要掩沒的帆影
海潮

邀請星星邀請風
與我對飲
昨天的故事

你會來嗎
夕陽退盡的夜晚
坐在沙灘上　聽我唱
古老的歌謠

二〇〇一年《銀河系》詩刊三十四期

作者簡介

成　堅，女，五二年六月生，原籍山東，現籍廣東。六八年在海南生產建設兵團插隊，七二年回城讀書。現在某院校任教。研究員，中國作家協會會員。著有詩集《心靈的約會》，散文集《生命中的珍藏》，長篇小說《黃河靈魂》，《美麗黑七月》，中短篇小說集《以愛的名義》、攝影小說《顫慄的夏》、《明天更精彩》、《裸魂》。

西渡作品

秋歌

秋天，最後的裸露的乳房
秋天，最後的異性的光芒
生存的道路像刀刃一樣窄
月光和最後的雨都是細的

秋天，天空運送著密集的軍團
秋天，雲朵的後面神在讀詩
椅子的靠背磨光後顱的頭髮
她起身，我們的天就開始下雨

秋天，樹木的呼吸轉暗，影子變長

而在樹木的內部，一把白刃的斧子
敲擊著，鼓聲咚咚，落葉紛紛
蝴蝶拉著枯葉的手掉進舞蹈的深淵

秋天，樹木的嘴滲出血，還穿著裙子
秋天，滿山的楓葉在燃燒，還露著肩膀
秋天，姑娘們的身體在溪水中發抖，還剩愛
秋天，我們的淚水已乾，還剩田野的悲傷
秋天，這最後的光我已目睹

二〇〇一年《詩潮》一、二月號

作者簡介

西渡，一九六七年八月生於浙江浦江。著有詩集《雪景中的柏拉圖》、隨筆評論集《守望與傾和》。現居北京。通聯：一〇〇〇三八北京西城區北櫸地北裏甲一號C座四層中國計劃出版社 陳國平

叶延濱作品

宿命

蜘蛛本分地組著自己的絲繭
捕捉那些可恨的蚊子和蒼蠅

詩人，啊地一聲
打斷了它的工作
「你這是在浪費自己的生命
也在殘害其它的生命！啊
上帝，快讓它覺醒！」

經不住詩人動情的勸說
不組繭的蜘蛛不知該幹什麼
不組繭的蜘蛛像個哲人

「我不組繭還叫蜘蛛麼
不叫蜘蛛我又是什麼呢？」
不組繭的蜘蛛還在思考
蜥蜴的舌頭捲走了蜘蛛和答案

二〇〇一年《綠風》詩刊五月號

作者簡介

叶延濱，男，一九四八年十一月十七日生於哈爾濱，當代作家，作品以詩為主，兼及散文、雜文、小說、評論，現為中國作家協會全國委員會委員，《詩刊》常務副主編，編審。一九六八年，高中畢業離校後，先後當過農民、牧工、倉庫保管員等，一九七八年考入北京廣播學院新聞系文藝主編專業，在校期間發表的作品并加入中國作家協會。一九八二年分配到四川文聯《星星詩刊》任編輯、副主編，一九九三年任主編，並任四川作協主席團委員、四川文聯委員，文學期刊委員會副主任，詩歌委員會副主任，並兼任四川省《當代雜文報》副總編等 。一九九四年五月調入北京廣播學院任文學藝術系主任，一九九五年九月調中國作家協會《詩刊》。

迄今已正式出版個人的專著，有詩集《不悔》《心的沉吟》及《擦肩而過的影子》、《黑白積木》等三十部。其餘作品自一九八〇年以來被收入了國內外一五〇餘種選集以及大學、中學課本；部分作品被譯為英、法、德、日、意文字。曾獲中國作家協會優秀中青年詩人詩歌獎、第三屆中國新詩集獎，以及十月文學獎、四川文學獎、北京文學獎、郭沫若文學獎等五十餘種文學藝術獎等。

北塔作品

擬登鸛雀樓

在風中受驚的白雲
依然在細雨中舒展
彷彿臨終的老人
喘息在雕花大木床

望一眼最後的崑崙
即將沉入命運的河水
望一眼最後的黃河
即將流入死亡的大海
不要害怕臉上的陽光

被山的陰影掠走
不要擔心灰暗的日子
過早侵占你的眼睛

有一片風景，如真理
永遠不需要注釋
高樓之上還是高樓
千里之外還是千里

二〇〇一年《乾坤》詩刊十八期

作者簡介

北塔，原名徐偉鋒，男，蘇州吳江人，一九六九年五月一日生。蘭州大學英語語言文學學士，中國新詩研究所比較詩學碩士。現任教於北京某高校外語系。主要詩作有《甘南行吟》、《游園》、《搬家》、《禪意沙漠》、《和平之歌》等。

古馬作品

黎明前掃街的人

一枚
月亮的銀幕
從被掃到的垃圾中
當啷啷滾出
掉進了不遠的下水道裡

乞丐的眼睛
五點五十九分的霜
掃堆可以點火的落葉

黎明前掃街的人
風的刷子

刺激
城市的神經末梢——
早早醒來
讓
蔬菜臉上
新鮮的露珠
教會我們如何去過健康有益的生活

二〇〇一年《詩潮》九、十月號

作者簡介

古馬，一九六六年五月二十六日生。甘肅武威人。一九八六年開始發表作品，著有詩集兩部。有部分作品譯成英文。現供職于甘肅省民政廳。

片馬作品

當你從卑微中站起

灌下第一口藥
主便呱呱墜地
企圖保佑一切人
你卻襤褸地沿
落滿灰塵的荒涼小徑
摸索自己
喧囂的街景將不屬於
你的領域
從童年到老年
從墳到另一座墳
盪起秋千

笑容在許多次祝詞後
變為抬頭紋
你的界碑
曾被刻上恥辱
在梯子與梯子的移動
和星移斗轉間
粗糙地手指最終
將雕像完成

二〇〇一年《中國建材報》八月號

作者簡介

片馬，本名夏學萍，女，北京市人，主要從事詩歌創作。著有詩集《霧中抵達》，作品入選《中國詩歌選》、《中國詩人自選代表作》、《二十一世紀中國詩壇》等三十餘種詩歌選本，在北京人民廣播電台多次播出，散見於海內外報刊，在《詩刊》新世紀詩歌大獎賽、香港首屆世界華文詩杯新詩大獎賽、東方杯全國詩歌大賽等詩歌徵文中獲獎項二十餘次。千人傳略入編詞彙《世界文化名人辭海·華人卷》、《中華百年人物篇·現代卷》《中國詩典》等。現為中國作家協會會員、北京作家協會會員。

王遼生作品

獨酌時空

七情鼓噪　臨風
誰又以鋸琴飛聲
亂我濁酒一盅

那冷對邪惡的橫眉彎了
彎成笑臉逢迎
那氣貫長虹的歌音軟了
軟成靡影頹蹤　借酒
或許能一栖想像之域
吊唁文明
訴一回性靈的痛

上海冒出寶貝
蝴蝶開始尖叫
色情將天平的那端占領
這端　所有美德與人性
全部失重
我只好酒傾鋸琴曲中
印證囂塵已瘋

我就不信
黃河的一時斷流
真能止住奔騰

二〇〇一年《綠風》詩刊二期

作者簡介

王遼生，一九三〇年八月出生於遼寧。已出《雪花》、《黑蝴蝶》、及《王遼生的詩》等詩集五部。有作品獲獎。有作品被納入《閱讀一點通》高中卷、《中華詩歌百年精華》及《中國新文藝大系》等五十餘種辭書。為中國作協會員、江蘇作協名譽理事。

牛漢作品

血和淚

生命在荊棘中燃燒

皮肉被刺傷了一千處
血在流，流，血在訴述悲痛

淚比血隱藏得深
淚全部凝聚在心裡
默默地衛護著靈魂
沒有一滴逃亡

血流盡了，軀體倒下

仍覓尋不到一滴淚
劊子手獵取到的只是血和屍骨
休想捕獵到一滴堅貞的淚

二〇〇一年《揚子江》詩刊一期

作者簡介

牛漢，原名史成漢，又名牛汀，一九二三年十月出生在山西定襄縣，蒙古族。抗日戰爭期間流亡陝甘地區，讀中學大學。一九四〇年發表文學作品，主要寫詩。已出版詩集十餘本、散文集七本、詩話集兩本，此外還參與主編中國現當代詩選數種。一生從事文學編輯工作五十餘年，曾任《新文學史料》主編二十年，協助丁玲編文學雜誌《中國》，任執行副主編。現為中國作家協會全國名譽委員，中國詩歌協會副會長。作品被多國文字譯介與評論，近幾年日本和韓國出版了牛漢的詩選集，台灣金安出版社編印、《牛漢散文精選》。

毛翰作品

釣魚島

以虹為絲
以月為鉤
有一位仙人在這裡垂釣
御風為歌
鼓浪為謠
這是我中華的一座寶島

東海的鷗來棲
東海的燕來巢
這裡盛產山茶、童話、海芙蓉
還有神農的靈芝草

五百年前
我的祖先
就打坐這天賜的釣魚台
釣一尾長鯨逍遙遊
釣一卷春秋清平調

以虹為絲
以月為鉤
有一位仙人在這裡垂釣
青史為憑
蒼天為證
這是我神州的金邊銀角
天外的風來謁
天外的雲來朝
這裡每一寸陽光、礁石和浪花
都在我中華的懷抱
五百年前

我的祖先
就高臥這天似的釣魚台
釣千古江山永遇樂
釣萬里海天漁家傲

日出東海兮朝朝潮
天佑中華兮樂逍遙
海盜船來兮觸我礁

太公偕同太白到
夏虹秋月不須邀
天賜我中華釣魚島
請與我同歌
請與我同釣

註：據宋人趙德麟《侯鯖錄》記載：李白曾自號「海上釣鰲客」。或問：「先生臨滄海釣巨鰲，以何物為釣線？」答曰：「以風浪逸其情，乾坤縱其志，以虹

霓為絲，明月為鉤。」

二〇〇一年《葡萄園》詩刊一五二期

作者簡介

毛翰，湖北應山（今廣水）人，一九五五年元月生。曾任教於襄陽師專。一九九一年至重慶西南師範大學中國新詩研究所做訪問學者，隨後調任，並主編《中國詩歌年鑒》。有《詩蝶》、《陪你走過這個季節》等詩集。另有著述數種。

代薇作品

舊宅

雨聲亂響
像碎了一地的瓦片

一陣風被大樹攔腰抱住
尖利的松針上
別著童年的那聲蟬鳴

二〇〇一年《揚子江》詩刊五期

作者簡介

代薇，女。祖籍浙江，生於四川成都，長在重慶，現居南京。著有詩集二部。中國作家協會會員。

二〇〇二年版

海外之卷

詩作一三家

蘇石平作品

歸鄉

人在機上　心在故鄉
穿越八千尺高空的
不是那龐然的機體
不是那轟隆的巨響
是我那顆
朝朝暮暮　暮暮朝朝
思念家園的
一顆
遊子心

二〇〇一年《秋水》詩刊一一〇期

作者簡介

蘇石平，台灣省台南市人。一九四五年生。台南師範、輔仁大學日文系畢業。日本東洋大學哲學碩士、大正大學東洋哲學博士課程畢業。曾任小學教師、日文編譯、現任教於日本「田園調布學園大學」。

十六歲進入「南師」開始發表詩作。二〇〇一年春，重拾詩筆。先後於「秋水」、「海鷗」發表創作詩，並於「中國時報」「臺灣日報」「臺灣時報」發表「日本名詩選」譯作。

有著作《父子情深》，譯作《關懷兒童的視線》、《夢判斷》等問世。

藍海文作品

二十世紀印象

仁義敗退之後
誠信衹是殘枝上的
寄生
可憐那場怪火
未曾摧毀邪惡
卻燒盡人間的
至善
熊熊慾焰飆升
遂教聖人淪為
螢火

段段頭條，俱是
倫常崩毀後的
慘像

二十世紀，竟是一匹
瞎了眼睛腥臭的
三足狼，終於倒在
烏煙瘴氣裡

二〇〇一年《香港詩刊》三期

作者簡介

藍海文，本名藍田，一九四二年生，廣東省大埔縣湖寮人。國際桂冠詩人，世界藝術文化學院榮譽文學博士，現任香港能仁書院教授，世界華文詩人協會會長，香港詩人協會會長，《香港詩刊》社長，天馬圖書有限公司總編輯。著有詩集《中華史詩》、《第一季》、《銅壺》、《驚蟄》、《昨夜不是夢》、《花季》、《讀人》、《藍海文詩選》等二十餘種，以及《天問譯注》、《今本楚辭》、《唐詩典故大全》、《新儒學》、《現代詩手術台》、《新古典主義詩學》等。並編選《台灣佳作選粹》等數十種。曾獲詩人最高榮譽之「詩教獎」，及」作家最高榮譽之「文藝獎章」（台北）。

藍靜雯作品

媽媽的炒麵

掀開一鍋
細細長長軟軟的
愛
挾滿一盤溫暖
吃了一嘴滿足
還留下了沒洗的
感激
雖然鹽是多放了點
還是甜

二〇〇一年《香港詩刊》四期

作者簡介

藍靜雯，女，筆名藍 林，一九六九年生於香港，祖籍廣東省大埔縣，台灣政大新聞系畢業，現任電台編導，香港詩人協會會員。

傅天虹作品

致鄭板橋

在這山前哭過
哭山不是山
在這水前哭過
哭水不是水

長吁三聲
撼不動貪吃的蓬門雀
淚點
比墨點多

有怨有恨

有情有愛
一旦貫注於筆
便溼透了無數張宣紙

啓開塵封
透出一派性靈
難得糊塗
說明你並不糊塗

一竿脫去烏紗的揚州竹
瘦在骨節裡
鎖在蘭香中
瘦在亂石間

二〇〇一年《華文詩學週訊》十月號

作者簡介

傅天虹，本名楊采頤，一九四七年十月十三日生於南京。南京師範大學畢業，香港廣大學院文學士。香港《當代詩壇》創辦人兼主編，香港銀河出版社總編輯，當代詩學會創建人。

詩作曾多次獲獎，入選多種選本。先後結集：《火花集》：《酸果集》《傅天虹詩選》等多部。

張詩劍作品

信

你是風箏
以心律的長線繫住
親朋戚友

你是雪花
飄到我的掌心
我以溫度把它溶化

你是楓葉
落到我的胸前
我讀到你動人的詩

作者簡介

張詩劍，筆名東喬、張皓、劍鳴、江風等。一九六五年畢業於廈門大學中文系。一九七八年移居香港，一九八五年與友人創辦龍香文學社，首任社長，現為香港中華文化總會副會長兼理事長，香港文學促進協會理事長，香港作家聯會副會長兼秘書長，《香港文學報》總編輯，《當代詩壇》副主編。為上海同濟大學和廣州暨南大學港台海外華文文學研究中心客座研究員。

主持總編《龍香文學叢書》一百六十多部，主持編輯《香港當代文學精品叢書》六大卷。一九九五年被選為國際華文詩人筆會秘書長。同年被選為香港市政局文學藝術局顧問。一九九八年被選為香港藝術發展文學委員會增選委員、中國散文詩學會副會長。主要著有《愛的笛音》、《詩劍集》、《流火醉花》、《秋的思索》以及大量未結集的詩文和文學評論作品，多次獲獎。其傳略和作品被收入《中國文學通史》、《中國新詩大辭典》、《中國文學家辭典》、《香港文學史》、《當代台港文學名作賞析》、《中國當代詩人代表作》、《當代散文精品珍藏版》、《香港當代文學精品叢書》等六十多部辭典和選集。一九九五年其傳記被收進英國劍橋名人中心的《世界名人錄》。

曾敏卓作品

尖沙嘴鐘樓

不畏身邊龐大的太空館
　巍峨的文化藝術中心
你傲然屹立維多利亞海的岸邊
對著天宇萬里　對著海浪綿綿
迎風送雨　笑看風雲變幻
你像一座大燈塔
引來一艘一艘郵船客船軍艦
你像維多利亞海的主人
早晨　你一揮手
海鷗群群飛來
黃昏　你一招手

風帆片片歸航
夜深了　你探首雲中
尋覓你那流逝的一頁一頁的輝煌

紅磚一塊塊　像染了血
砌進了一百年的滄桑
鐘面瀰漫的紅塵滾滾
字字清晰紀錄難泯的恥辱
長長的時針的答的答
敲打清廷末頁歲月
敲醒我們牢記歷史
敲破英人再統治香港美夢

現在海浪悠悠　鐘聲悠悠
是歌詠回歸
古老的車站已深埋地下
只有情侶依偎你身畔

還有遊客的攝影機留戀你
你孤零零留下
一抹長長淡淡的身影在地面
給人們一串長長的回憶

二〇〇一年五月八日《中國時報》副刊

作者簡介

曾敏卓，廣東惠陽人，在國內受教育，著有小說集《情似鐵路一樣長》，散文集《情書》。來港定居，以筆名曾敏人、曾敏夫等發表小說和新詩，著有詩集《心雨》等。

曉靜作品

作客

陪你把濃郁的
鄉思，帶回粵北
銜一顆催夢的
寶石，唱一串
盼耕的山歌
縱非
峨冠博帶
卻有細小的
心願
閃爍晶瑩

幾經風雨沖洗
幾經歲月漂流
始終如一
信念，種在
淳樸溫熱的
心懷

二〇〇一年《香港詩刊》三期

作者簡介

曉　靜，本名王曉靜，女，祖籍天津市。一九八八年定居香港。世界華文詩人協會會員，香港詩人協會理事。現任《香港詩刊》副社長。著有詩集《花季》、《天堂鳥》、《萬頃煙波》等多種。

紀弦作品

如果有客來自揚州

如果有客來自揚州
那會是「騎鶴」的小杜嗎
如果有客來自揚州
那會是歷史上
與文天祥齊名的史可法嗎
不，都不是。然則，那會是誰呢
日：沈綠蒂，揚州人沈綠蒂
年少時，學著我的樣子
蓄長髮，留短髭
抽菸斗，拿手杖的沈綠蒂
啊啊，綠蒂：

如果你還活著，尚未死於癌症
則我將歡迎你到此一遊
就住在我家，喝一杯，玩幾
然後，帶你到拉斯維加去
把口袋裡的錢輸光
豈不是大大地過癮乎
六十年前，你可憐的姐姐
為了愛情上的緣故
竟自沉於滾滾的運河
而你卻寫下了兩行金句：
「我從女人的褲襠下
看見了一切的政治。」
唉唉！無名詩人沈綠蒂
余昔日之好友
爾靜靜地睡吧

二〇〇一年二月十二日《聯合報》副刊

作者簡介

詩人紀　弦，本名路　逾。一九一三年生。江蘇揚州人。蘇州美專畢業。一九四八年來臺，執教於成功中學。一九七四年退休。一九七六年底赴美，長住加州。健康良好，寫作不輟。

一九二九年，才十六歲，就開始寫詩了。成名於三十年代。從前在大陸上，已出過幾部詩集，編過幾種詩刊了。來台後，於一九五三年創辦「現代詩」季刊，一九五六年組織「現代派」，提倡「新現代主義」，給與詩壇以極其廣大而深遠之影響。著有詩集、詩論、散文等三十餘種。

非　林作品

水的雕塑

帶著驚雷　陰電　暴風雨
從田野裡跑回來
倚在中門喘息
一頭漣漪
滿臉晶瑩
陰丹士林短衫貼在身上
映出訶子托起的峰
黑色長褲沾在腿上
浮雕出凸凸凹凹　彎彎曲曲
你是水做的
水又重新雕塑了你

雕成一個美神
在我的記憶裡生長幾十年

二〇〇一年《香港詩刊》三期

作者簡介

非　林，本名羅林，南京人，一九二九年生。江蘇師範學院（原「東吳大學」）畢業。曾任教中學二十八年。著有《香港一百個面孔》、《黑色旋風》、《三色堇》、《生命的秋季》、《多情四月》、《陽光下的孩子》等多種。

杜劍文作品

詠牡丹

化不開的濃
化不開的艷
飄一眼繽紛
湧一野彩浪
放眼雲天
千毫齊揮
漫天粉霞欲滴
層層凋零欲墜
朦朧的春雨下
伊人倩影姍姍
一缽開在心裡的牡丹

如斯麗葩

二〇〇一年《香港詩刊》三期

作者簡介

杜劍文，女，原籍廣東中山人，出生於澳門。現任職利馬竇中學教師，澳門中國語文學會理事。澳門市民日報東望版「人生篇」專欄作者之一。發表現代新詩及古典詩詞。

田原作品

風

風從突兀的石頭上刮起
樹搖動樹
草壓彎草
風赤腳
在大地上奔跑

吹落刻在石碑上的文字
抽打雕像被神化的面孔
風在廣場上旋升成梯
迎接那些浮游在半空中
無家可歸的冤魂

風是大地上唯一的法官
它對萬物一視同仁
風是手臂，又是利斧
它輕敲著問候所有的窗户
它劈倒無人敢碰的老樹

風趟河涉海
風乘雲步月
風當然也在人類的脈管裡
疾走

風帶來誕生的歡喜
也同時傳來地獄的死訊
人類對於風
無秘密和隱私可言
風留在石頭裡的腳印最多
風滴落在大海裡的汗水數不勝數

風在火焰中是一隻火鳳凰
風在浪尖上是船的舵手
風永遠都是嶄新的
風一生只追求自由

二〇〇一年《葡萄園》詩刊一五〇期

作者簡介

田原，漢族，一九六五年十一月十日生于河南鄢城，九十年代初赴日留學至今，現為日本立命館大學博士生，主攻日本戰後現代詩。並同時在大阪藝術大學和奈良女子大學講授中國現代詩歌作品。先後在台灣、中國和英國出版過五部詩集。發表有中、短篇小說。翻譯有《谷川俊太郎詩選》等。在中國、美國、日本和台灣獲得過詩歌文學獎。

月曲了作品

一隻白雲

暮色形而下
炊煙形而上

夕陽把世界
斜放在外面
月光途中
晚禱的鐘聲又再
與星子錯身而過
而我　正緊閉雙目
低頭祈願
願今夜走進夢裡

沒有驚動
像一隻白雲
步出天空

二〇〇一年《創世紀》詩雜誌一二九期

作者簡介

月曲了，本名蔡景龍，福建晉江人，一九四一年生於菲律賓，六十年代加入「自由詩社」開始現代詩創作，八十年代為千島詩社創始人之一。先後加入耕園文藝社，菲律賓文藝協會，亞洲華文作家協會菲分會、菲律賓華文作家協會。台灣創世紀詩社等。曾獲河廣詩社新詩優等獎、王國棟文藝基金會首居新詩獎。作品散見於各大華報及詩刊，及選入台北出版的新詩三百首，小詩選讀，以及其他的選集，著作有—「月曲了詩選」，「月曲了詩集」。

文榕作品

夢駝鈴

一個夢
跋涉在都市的沙漠
我攜詩意並行
蛻成一抹溫馨

一串鈴響
送來綠洲
一種燈塔發光的聲音
把愛抱緊

夢泡咖啡，溢滿

不世深情
薄荷是春陽中的
翠晴

且笑且語
紅披肩把風景摟住
摟住了，未來
所有的光明

二〇〇一年《秋水》詩刊一一二期

作者簡介

文　榕，女，祖籍江蘇省無錫市人。香港公開大學畢業。世界華文詩人協會會員，香港詩人協會理事。現任《香港詩刊》副主編。著有詩集《風帶我走》等。

國家圖書館出改版品預行編目資料

中國詩歌選.二○○二年版/ 潘皓主編. --初版. --
臺北市: 文史哲; 民 91
面 : 公分. -- (文史哲學集成 ; 53)
ISBN 957-549-481-4(平裝)

831.86 91021627

文史哲詩叢 ㊿③

二○○二年版

中國詩歌選

主編者：潘 皓
出版者：文 史 哲 出 版 社
登記證字號：行政院新聞局版臺業字五三三七號
發行人：彭 正 雄
發行所：文 史 哲 出 版 社
印刷者：文 史 哲 出 版 社
臺北市羅斯福路一段七十二巷四號
郵政劃撥帳號：一六一八○一七五
電話 886-2-23511028・傳真 886-2-23965656
實價新臺幣四○○元

中華民國九十一年(2000)十一月初版

著財權所有・侵權者必究
ISBN 957-549-481-4